は　じ　め　に

　技能検定は、労働者の有する技能を一定の基準によって検定し、これを公証する国家検定制度であり、技能に対する社会一般の評価を高め、働く人々の技能と地位の向上を図ることを目的として、職業能力開発促進法に基づいて 1959 年（昭和 34 年）から実施されています。

　当研究会では、1975 年（昭和 50 年）から技能検定試験受検者の学習に資するため、過去に出題された学科試験問題（1・2 級）に解説を付して、「学科試験問題解説集」を発行しております。

　このたびさらに、平成 30・令和元・2 年度に出題された学科試験問題[注]、ならびに直近 1 年分の実技試験問題を「技能検定試験問題集（正解表付き）」として発行することになりました。

　本問題集が 1 級・2 級の技能士を目指して技能検定試験を受検される多くの方々にご利用いただき、大きな成果が上がることを祈念いたします。

　令和 3 年 8 月

一般社団法人 雇用問題研究会

注）　令和 2 年度前期試験は実施されなかったため、該当する作業については 2 年分（平成 30・31 年度）の学科試験問題を収録しています。

目　　次

技 能 検 定 の 概 要

1 技能検定試験の等級区分

技能検定試験は合格に必要な技能の程度を等級ごとに次のとおりに区分しています。

特 級：検定職種ごとの管理者又は監督者が通常有すべき技能及びこれに関する知識の程度

1 級：検定職種ごとの上級の技能労働者が通常有すべき技能及びこれに関する知識の程度

2 級：検定職種ごとの中級の技能労働者が通常有すべき技能及びこれに関する知識の程度

3 級：検定職種ごとの初級の技能労働者が通常有すべき技能及びこれに関する知識の程度

単一等級：検定職種ごとの上級の技能労働者が通常有すべき技能及びこれに関する知識の程度

※これらの他に外国人実習生等を対象とした基礎級があります。

2 検定試験の基準

技能検定は、実技試験及び学科試験によって行われています。

実技試験は、実際に作業などを行わせて、その技量の程度を検定する試験であり、学科試験は、技能の裏付けとなる知識について行う試験です。

実技試験及び学科試験は、検定職種の等級ごとに、それぞれの試験科目及びその範囲が職業能力開発促進法施行規則により、また、その具体的な細目が厚生労働省職業能力開発局長通達により定められています。

(1) 実技試験

実技試験は、実際に作業（物の製作、組立て、調整など）を行わせて試験する、製作等作業試験が中心となっており、検定職種の大部分のものについては、その課題が試験日に先立って公表されています。

試験時間は、1級、2級及び単一等級については原則として5時間以内、3級については3時間以内が標準となっています。

また、検定職種によっては、製作等作業試験の他、実際的な能力を試験するため、次のような判断等試験又は計画立案等作業試験が併用されることがあります。

① 判断等試験

　判断等試験は、製作等作業試験のみでは技能評価が困難な場合又は検定職種の性格や試験実施技術等の事情により製作等作業試験の実施が困難な場合に用いられるもので、例えば技能者として体得していなければならない基本的な技能について、原材料、模型、写真などを受検者に提示し、判別、判断などを行わせ、その技能を評価する試験です。

② 計画立案等作業試験

　製作等作業試験、判断等試験の一方又は双方でも技能評価が不足する場合に用いられるもので、現場における実際的、応用的な課題を、表、グラフ、文章などにより設問したものを受検者に提示し、計算、計画立案、予測などを行わせることにより技能の程度を評価する試験です。

(2) 学科試験

　学科試験は、単に学問的な知識を試験するものではなく、作業の遂行に必要な正しい判断力及び知識の有無を判定することに主眼がおかれています。また、それぞれの等級における試験の概要は次表のとおりです。

　この中で、真偽法は一つの問題文の正誤を回答する形式であり、五肢択一法及び四肢択一法は一つの問題文について複数の選択肢の中から一つを選択して回答する形式です。

■学科試験の概要

等級区分	試験の形式	問題数	試験時間
特　　級	五肢択一法	50題	2時間
1　　級	真偽法及び四肢択一法	50題	1時間40分
2　　級	真偽法及び四肢択一法	50題	1時間40分
3　　級	真偽法	30題	1時間
単一等級	真偽法及び四肢択一法	50題	1時間40分

3　技能検定の受検資格

　技能検定を受検するには、原則として検定職種に関する実務の経験が必要で、その年数は職業訓練歴、学歴等により異なっています（別表1参照）。

　この実務の経験の範囲には、現場での作業のみならず管理、監督、訓練、教育及び研究の業務や訓練又は教育を受けた期間が含まれます。

4　試験の実施日程

技能検定試験は職種ごとに前期、後期に分かれていますが、日程の概要は次のとおりです。

項	前　期	後　期
受付期間	4月上旬～中旬	10月上旬～中旬
実技試験	6月上旬～9月上旬	12月上旬～翌年2月中旬
学科試験	8月下旬～9月上旬の日曜日 3級は7月中旬～下旬の日曜日	翌年1月下旬～2月上旬の日曜日
合格発表	10月上旬、3級は8月下旬	翌年3月中旬

※日程の詳細については都道府県職業能力開発協会（連絡先等は別表2参照）にお問い合わせ下さい。

5　技能検定の実施体制

技能検定は厚生労働大臣が定めた、実施計画に基づいて行うものですが、その実施業務は、厚生労働大臣、都道府県知事、中央職業能力開発協会、都道府県職業能力開発協会等の間で分担されており、受検の受付及び試験の実施については、都道府県職業能力開発協会が行っています。

6　技能検定試験受検手数料

技能検定試験の受検手数料は「実技試験：18,200円」及び「学科試験：3,100円」を標準額として、職種ごとに各都道府県で決定しています（令和3年4月1日現在、都道府県知事が実施する111職種）。

なお、35歳未満の方は、2級又は3級の実技試験の受検手数料が最大9,000円減額されます。詳しくは都道府県職業能力開発協会にお問い合わせ下さい。

7　技能検定の合格者

技能検定の合格者には、厚生労働大臣名（特級、1級、単一等級）又は都道府県知事名等（2級、3級）の合格証明が交付され、技能士と称することができます。

別表1

技能検定の受検に必要な実務経験年数一覧
（都道府県知事が実施する検定職種）

（単位：年）

受 検 対 象 者 （※1）	特級 1級合格後	1級 2級合格後	1級 3級合格後	2級 3級合格後	3級 （※7）	基礎級 （※7）	単一等級
実務経験のみ	7			2	0 ※8	0 ※8	3
専門高校卒業 ※2 / 専修学校（大学入学資格付与課程に限る）卒業	6			0	0	0	1
短大・高専・高校専攻科卒業 ※2 / 専門職大学前期課程修了 / 専修学校（大学編入資格付与課程に限る）卒業	5			0	0	0	1
大学卒業（専門職大学前期課程修了者を除く） ※2 / 専修学校（大学院入学資格付与課程に限る）卒業	4			0	0	0	1
専修学校 ※3 又は各種学校卒業（厚生労働大臣が指定したものに限る。） 800 時間以上	6	2	4		0 ※9	0 ※9	1
〃 1600 時間以上	5	2	4		0 ※9	0 ※9	1
〃 3200 時間以上	4	2	4		0 ※9	0 ※9	1
短期課程の普通職業訓練修了 ※4 ※10 700 時間以上	6				0 ※6	0 ※6	1
普通課程の普通職業訓練修了 ※4 ※10 2800 時間未満	5				0	0	1
〃 2800 時間以上	4				0	0	1
専門課程又は特定専門課程の高度職業訓練修了 ※4 ※10	3	1	2		0	0	0
応用課程又は特定応用課程の高度職業訓練修了 ※10	1				0	0	0
長期課程又は短期養成課程の指導員訓練修了 ※10		1 ※5		0 ※5	0	0	0
職業訓練指導員免許取得	1	—	—	—	—	—	0
長期養成課程の指導員訓練修了 ※10	0				0	0	0

※1：検定職種に関する学科、訓練科又は免許職種に限る。

※2：学校教育法による大学、短期大学又は高等学校と同等以上と認められる外国の学校又は他法令学校を卒業した者並びに独立行政法人大学改革支援・学位授与機構により学士の学位を授与された者は学校教育法に基づくそれぞれのものに準ずる。

※3：大学入学資格付与課程、大学編入資格付与課程及び大学院入学資格付与課程の専修学校を除く。

※4：職業訓練法の一部を改正する法律（昭和53年法律第40号）の施行前に、改正前の職業訓練法に基づく高等訓練課程又は特別高等訓練課程の養成訓練を修了した者は、それぞれ改正後の職業能力開発促進法に基づく普通課程の普通職業訓練又は専門課程の高度職業訓練を修了したものとみなす。また、職業能力開発促進法の一部を改正する法律（平成4年法律第67号）の施行前に、改正前の職業能力開発促進法に基づく専門課程の養成訓練を修了した者は、専門課程の高度職業訓練を修了したものとみなし、改正前の職業能力開発促進法に基づく普通課程の養成訓練又は職業転換課程の能力再開発訓練（いずれも800時間以上のものに限る。）を修了した者はそれぞれ改正後の職業能力開発促進法に基づく普通課程又は短期課程の普通職業訓練を修了したものとみなす。

※5：短期養成課程の指導員訓練のうち、実務経験者訓練技法習得コースの修了者については、訓練修了後に行われる能力審査（職業訓練指導員試験に合格した者と同等以上の能力を有すると職業能力開発総合大学校の長が認める審査）に合格しているものに限る。

※6：総訓練時間が700時間未満のものを含む。

※7：3級及び基礎級の技能検定については、上記のほか、検定職種に関する学科に在学する者及び検定職種に関する訓練科において職業訓練を受けている者も受検できる。また、3級の技能検定については工業高等学校に在学する者等であって、かつ、工業高等学校の教員等による検定職種に係る講習を受講し、当該講習の責任者から技能検定試験受検に際して安全衛生上の問題等がないと判定されたものも受検できる。

※8：検定職種に関し実務の経験を有する者について、受検資格を認めることとする。

※9：当該学校が厚生労働大臣の指定を受けたものであるか否かに関わらず、受検資格を付与する。

※10：職業能力開発促進法第92条に規定する職業訓練又は指導員訓練に準ずる訓練の修了者においても、修了した職業訓練又は指導員訓練の訓練課程に応じ、受検資格を付与する。

別表2　都道府県及び中央職業能力開発協会所在地一覧

協　会　名	郵便番号	所　在　地	電話番号
北海道職業能力開発協会	003-0005	札幌市白石区東札幌5条1-1-2　北海道立職業能力開発支援センター内	011-825-2386
青森県職業能力開発協会	030-0122	青森市大字野尻字今田43-1　青森県立青森高等技術専門校内	017-738-5561
岩手県職業能力開発協会	028-3615	紫波郡矢巾町大字南矢幅10-3-1　岩手県立産業技術短期大学校内	019-613-4620
宮城県職業能力開発協会	981-0916	仙台市青葉区青葉町16-1	022-271-9917
秋田県職業能力開発協会	010-1601	秋田市向浜1-2-1　秋田県職業訓練センター内	018-862-3510
山形県職業能力開発協会	990-2473	山形市松栄2-2-1	023-644-8562
福島県職業能力開発協会	960-8043	福島市中町8-2　福島県自治会館5階	024-525-8681
茨城県職業能力開発協会	310-0005	水戸市水府町864-4　茨城県職業人材育成センター内	029-221-8647
栃木県職業能力開発協会	320-0032	宇都宮市昭和1-3-10　栃木県庁舎西別館	028-643-7002
群馬県職業能力開発協会	372-0801	伊勢崎市宮子町1211-1	0270-23-7761
埼玉県職業能力開発協会	330-0074	さいたま市浦和区北浦和5-6-5　埼玉県浦和合同庁舎5階	048-829-2802
千葉県職業能力開発協会	261-0026	千葉市美浜区幕張西4-1-10	043-296-1150
東京都職業能力開発協会	101-8527	千代田区内神田1-1-5　東京都産業労働局神田庁舎5階	03-6631-6052
神奈川県職業能力開発協会	231-0015	横浜市中区尾上町1-4　かながわ労働プラザ6階	045-633-5419
新潟県職業能力開発協会	950-0965	新潟市中央区新光町15-2　新潟県公社総合ビル4階	025-283-2155
富山県職業能力開発協会	930-0094	富山市安住町7-18　安住町第一生命ビル2階	076-432-9887
石川県職業能力開発協会	920-0862	金沢市芳斉1-15-15　石川県職業能力開発プラザ3階	076-262-9020
福井県職業能力開発協会	910-0003	福井市松本3-16-10　福井県職員会館ビル4階	0776-27-6360
山梨県職業能力開発協会	400-0055	甲府市大津町2130-2	055-243-4916
長野県職業能力開発協会	380-0836	長野市大字南長野南県町688-2　長野県婦人会館3階	026-234-9050
岐阜県職業能力開発協会	509-0109	各務原市テクノプラザ1-18　岐阜県人材開発支援センター内	058-260-8686
静岡県職業能力開発協会	424-0881	静岡市清水区楠160	054-345-9377
愛知県職業能力開発協会	451-0035	名古屋市西区浅間2-3-14　愛知県職業訓練会館内	052-524-2034
三重県職業能力開発協会	514-0004	津市栄町1-954　三重県栄町庁舎4階	059-228-2732
滋賀県職業能力開発協会	520-0865	大津市南郷5-2-14	077-533-0850
京都府職業能力開発協会	612-8416	京都市伏見区竹田流池町121-3　京都府立京都高等技術専門校内	075-642-5075
大阪府職業能力開発協会	550-0011	大阪市西区阿波座2-1-1　大阪本町西第一ビルディング6階	06-6534-7510
兵庫県職業能力開発協会	650-0011	神戸市中央区下山手通6-3-30　兵庫勤労福祉センター1階	078-371-2091
奈良県職業能力開発協会	630-8213	奈良市登大路町38-1　奈良県中小企業会館2階	0742-24-4127
和歌山県職業能力開発協会	640-8272	和歌山市砂山南3-3-38　和歌山技能センター内	073-425-4555
鳥取県職業能力開発協会	680-0845	鳥取市富安2-159　久本ビル5階	0857-22-3494
島根県職業能力開発協会	690-0048	松江市西嫁島1-4-5　SPビル2階	0852-23-1755
岡山県職業能力開発協会	700-0824	岡山市北区内山下2-3-10　アマノビル3階	086-225-1547
広島県職業能力開発協会	730-0052	広島市中区千田町3-7-47　広島県情報プラザ5階	082-245-4020
山口県職業能力開発協会	753-0051	山口市旭通り2-9-19　山口建設ビル3階	083-922-8646
徳島県職業能力開発協会	770-8006	徳島市新浜町1-1-7	088-663-2316
香川県職業能力開発協会	761-8031	高松市郷東町587-1　地域職業訓練センター内	087-882-2854
愛媛県職業能力開発協会	791-1101	松山市久米窪田町487-2　愛媛県産業技術研究所　管理棟2階	089-993-7301
高知県職業能力開発協会	781-5101	高知市布師田3992-4	088-846-2300
福岡県職業能力開発協会	813-0044	福岡市東区千早5-3-1　福岡人材開発センター2階	092-671-1238
佐賀県職業能力開発協会	840-0814	佐賀市成章町1-15	0952-24-6408
長崎県職業能力開発協会	851-2127	西彼杵郡長与町高田郷547-21	095-894-9971
熊本県職業能力開発協会	861-2202	上益城郡益城町田原2081-10　電子応用機械技術研究所内	096-285-5818
大分県職業能力開発協会	870-1141	大分市大字下宗方字古川1035-1	097-542-3651
宮崎県職業能力開発協会	889-2155	宮崎市学園木花台西2-4-3	0985-58-1570
鹿児島県職業能力開発協会	892-0836	鹿児島市錦江町9-14	099-226-3240
沖縄県職業能力開発協会	900-0036	那覇市西3-14-1	098-862-4278
中央職業能力開発協会	160-8327	新宿区西新宿7-5-25　西新宿プライムスクエア11階	03-6758-2859

防水施工

実技試験問題

平成31年度 技能検定
2級防水施工（ウレタンゴム系塗膜防水工事作業）
実技試験問題

　次の注意事項及び仕様に従って、試験台に、施工図に示すウレタンゴム系塗膜防水工事作業を行いなさい。

1 試験時間

　　標 準 時 間　　1時間40分

　　打切り時間　　2時間

2 注意事項

(1) 試験前に、試験台周辺の床は、全て指定された養生材で養生すること。

(2) 支給された材料の品名、寸法、数量等が「4 支給材料」のとおりであることを確認すること。

(3) 支給された材料に異常がある場合は、申し出ること。

(4) 試験開始後は、材料が不足しても支給材料の再支給はしない。

(5) 使用工具等は、使用工具等一覧表で指定した以外のものは使用しないこと。

(6) 試験中は、工具等の貸し借りを禁止とする。

(7) 試験中は、指定された自分の作業場所(作業範囲)外で作業したり、材料工具類を置いてはならない。ただし、養生テープの除去の時には、試験台の背面に回って作業を行ってもよい。

(8) 試験場内は、材料等で汚損しないようにすること。

(9) 喫煙は、指定の場所以外では行わないこと。

(10) 作業時の服装等は、作業に適したものとし、保護帽、保護手袋及び作業靴を着用すること。

(11) 標準時間を超えて作業を行った場合は、超過時間に応じて減点される。

(12) 作業が終了したら、技能検定委員に申し出ること。

(13) 試験終了後の工具等の洗浄は、溶剤を使用するので、指定された場所で火気に十分注意して行うこと。

(14) 試験終了後に、支給防水材の使用量を計量するので、支給した材料容器及び調合・かくはんに使用したバケツに金ごてやごみ等を入れないこと。

(15) **この問題には、事前に書込みをしないこと。また、試験中には、他の用紙にメモをしたものや参考書等を参照することは禁止とする。**

(16) 試験中は、携帯電話(電卓機能の使用を含む。)等の使用を禁止とする。携帯電話の電源は、必ず切っておくこと。

3 仕　様

(1) 試験台は、合板張りで、寸法は、施工図に示すとおりであること。

(2) 試験場内の温度及び湿度は、試験当日に表示する。

(3) 本試験では、清掃及びプライマーの塗布が終了しているものとみなし、その作業は行わない。

(4) 試験台の端部は、施工図に示す位置に墨出しをしてテープ養生すること。

　　なお、墨出しは、点であってもよい。

(5) 一般用(平場用)防水材の調合は、はかりを使用して必要量だけ行うこと。

(6) 防水層の施工は、表1、2に従い、次の①〜③の順序で行うこと。

　① 施工図に示す入隅部の全ての補強張り作業を、表1に基づいて行うこと。

表1　入隅部の補強張り作業及び使用量

工程＼項目	作業内容(使用材料)	使用量
1	下塗り (立上がり用ウレタンゴム系塗膜防水材)	塗布量0.3kg/m² 塗布幅150mm〜200mm (各々の面に75mm〜100mm)
2	補強布張り付け	張付け幅100mm　重ね幅50mm (各々の面に50mm)
3	上塗り(目つぶし塗り) (立上がり用ウレタンゴム系塗膜防水材)	塗布量0.3kg/m² 塗布幅150mm〜200mm (各々の面に75mm〜100mm)

　② 笠木・立上がり面及び平場面の一部(立上がり側)の塗膜防水作業を、表2に基づいて全面に行うこと。

　③ 次に、残りの平場面の塗膜防水作業を表2に基づいて全面に行うこと。

　※ 平場面の作業は、2回以上に分けて行うこと。

表2 笠木・立上がり面及び平場面の塗膜防水作業と使用量

項目 / 工程	作業内容(使用材料)	笠木・立上がり面の使用量	平場面の使用量
1	下塗り (立上がり用ウレタンゴム系塗膜防水材)	塗布量0.3kg/m²	塗布量0.3kg/m²
2	補強布張り付け	張付け重ね幅 50mm	張付け重ね幅 50mm
3	上塗り(目つぶし塗り) (立上がり用ウレタンゴム系塗膜防水材)	塗布量0.3kg/m²	塗布量0.3kg/m²
4	仕上げ塗り (一般用ウレタンゴム系塗膜防水材)	塗布量0.3kg/m²	塗布量1.5kg/m²

(7) いったん防水材を塗布した平場面に足などを踏み入れて作業を行わないこと。

(8) 試験台端部の養生テープの除去は、試験時間内に行うこと。

4 支給材料

品　　名		寸法又は規格	数　量
立上がり用ウレタンゴム系塗膜防水材 ※		可使時間　20°Cで40分〜50分 (1成分形・ライトグリーン)	1缶3.5kg
一般用ウレタンゴム系塗膜防水材 ※	主　剤	主剤：硬化剤=1：2	1缶1.2kg
	硬化剤	可使時間 20°C：50分(50分を過ぎると緩やかに硬化が進む) 33°C：40分(40分を過ぎると急に硬化が進む) (2成分形・グレー)	1缶2.4kg
補　　強　　布		ポリエステル繊維織布　1020mm幅 (重量47g/m²)	5m

※支給材料のウレタンゴム系塗膜防水材には、ヒトへの発がん性があるなど有害性が高い物質を含まない。

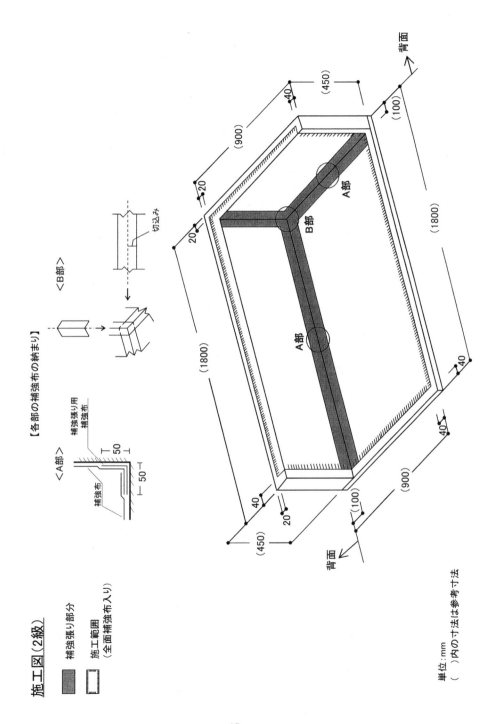

【各部の補強布の納まり】

＜B部＞

切込ミ

＜A部＞

補強張り用
補強布

50

補強布

50

施工図（2級）

補強張り部分

施工範囲
（全面補強布入り）

単位：mm
（　）内の寸法は参考寸法

背面

（450）
40
（100）

（900）

（1800）

20

20

A部

B部

A部

40

40

（1800）

（900）

40

20

（100）

（450）

背面

2級防水施工(ウレタンゴム系塗膜防水工事作業)実技試験使用工具等一覧表

(1) 受検者が持参するもの

品　名	寸法又は規格	数量	備　考
巻　尺　又　は　直　尺		1〜2	
墨　出　し　用　具		一式	フェルトペン、定規、チョークリール等
か　く　は　ん　棒	長さ40〜50cm程度	1〜2	
金　ご　て		1	ゴムごても可
ゴ　ム　べ　ら		2	発泡体の加工べらも可
ば　ち　べ　ら		1	防水材取り出し用
バ　ケ　ツ	底部が丸形のもの	1	防水材の調合・かくはんに適したもの
は　さ　み		1	カッター等は不可
皮　す　き		1	缶切り用に他の工具を別に持参することは可(※1)
は　か　り		1	支給材料が正確に計量できるもの
ウ　エ　ス		若干	
粘　着　テ　ー　プ	幅5cm以上のもの	必要量	養生用(紙製のものは不可)
作　業　服　等		一式	長袖作業着、長ズボン
保　護　帽		1	建築現場用
保　護　手　袋		適当数	ゴム手袋等　軍手との併用可(軍手のみの作業は不可)
作　業　靴		1	作業に適したもの
ご　み　袋		1	
飲　料		適宜	熱中症対策・水分補給用(※2)

(注)　1　使用工具等は、上記のものに限るが、同一種類のものを予備として持参し、必要に応じて技能検定委員の許可を得て、使用することができる。

　　　2　使用工具等は、新品である必要はないが、正常に作動して機能を満たしていること。

　　　※1　皮すきに加えて、開缶用に缶切り器を持参することも可とする。

　　　※2　「飲料」については、受検者が各自で熱中症対策・水分補給用として、適宜持参すること。

(2) 試験場に準備されているもの

品　名	寸法又は規格	数量	備　考
洗　浄　用　溶　剤		若干	洗浄は指定された場所で行うこと
養　生　材		必要量	試験台周辺床養生用
粘　着　テ　ー　プ		必要量	同上

平成31年度 技能検定
1級防水施工（ウレタンゴム系塗膜防水工事作業）
実技試験問題

次の注意事項及び仕様に従って、試験台に、施工図に示すウレタンゴム系塗膜防水工事作業を行いなさい。

1 試験時間

標 準 時 間 　　1時間40分

打切り時間 　　2時間

2 注意事項

(1) 試験前に、試験台周辺の床は、全て指定された養生材で養生すること。

(2) 支給された材料の品名、寸法、数量等が「4　支給材料」のとおりであることを確認すること。

(3) 支給された材料に異常がある場合は、申し出ること。

(4) 試験開始後は、材料が不足しても支給材料の再支給はしない。

(5) 使用工具等は、使用工具等一覧表で指定した以外のものは使用しないこと。

(6) 試験中は、工具等の貸し借りを禁止とする。

(7) 試験中は、指定された自分の作業場所(作業範囲)外で作業したり、材料工具類を置いてはならない。ただし、養生テープの除去の時には、試験台の背面に回って作業を行ってもよい。

(8) 試験場内は、材料等で汚損しないようにすること。

(9) 喫煙は、指定の場所以外では行わないこと。

(10) 作業時の服装等は、作業に適したものとし、保護帽、保護手袋及び作業靴を着用すること。

(11) 標準時間を超えて作業を行った場合は、超過時間に応じて減点される。

(12) 作業が終了したら、技能検定委員に申し出ること。

(13) 試験終了後の工具等の洗浄は、溶剤を使用するので、指定された場所で火気に十分注意して行うこと。

(14) 試験終了後に、支給防水材の使用量を計量するので、支給した材料容器及び調合・かくはんに使用したバケツに金ごてやごみ等を入れないこと。

(15) **この問題には、事前に書込みをしないこと。また、試験中には、他の用紙にメモをしたものや参考書等を参照することは禁止とする。**

(16) 試験中は、携帯電話(電卓機能の使用を含む。)等の使用を禁止とする。携帯電話の電源は、必ず切っておくこと。

3 仕 様

(1) 試験台は、合板張りで、寸法は、施工図に示すとおりであること。

(2) 試験場内の温度及び湿度は、試験当日に表示する。

(3) 本試験では、清掃及びプライマーの塗布が終了しているものとみなし、その作業は行わない。

(4) 試験台の端部は、施工図に示す位置に墨出しをしてテープ養生すること。
なお、墨出しは、点であってもよい。

(5) 一般用(平場用)防水材の調合は、はかりを使用して必要量だけ行うこと。

(6) 防水層の施工は、表1、2に従い、次の①～③の順序で行うこと。

① 施工図に示す出入隅部の全ての補強張り作業を、表1に基づいて行うこと。

表1　出入隅部の補強張り作業及び使用量

工程 項目	作業内容(使用材料)	使用量
1	下塗り (立上がり用ウレタンゴム系塗膜防水材)	塗布量0.3kg/m² 塗布幅150mm～200mm (各々の面に75mm～100mm)
2	補強布張り付け	張付け幅100mm　重ね幅50mm (各々の面に50mm)
3	上塗り(目つぶし塗り) (立上がり用ウレタンゴム系塗膜防水材)	塗布量0.3kg/m² 塗布幅150mm～200mm (各々の面に75mm～100mm)

② 笠木・立上がり面、箱部及び平場面の一部(立上がり側)の塗膜防水作業を、表2に基づいて全面に行うこと。

③ 次に、残りの平場面の塗膜防水作業を、表2に基づいて全面に行うこと。

※ 平場面の作業は、2回以上に分けて行うこと。

表2　笠木・立上がり面、箱部及び平場面の塗膜防水作業と使用量

工程 項目	作業内容(使用材料)	笠木・立上がり面及び箱部の使用量	平場面の使用量
1	下塗り （立上がり用ウレタンゴム系塗膜防水材）	塗布量0.3kg/m²	塗布量0.3kg/m²
2	補強布張り付け	張付け重ね幅　50mm	張付け重ね幅　50mm
3	上塗り(目つぶし塗り) （立上がり用ウレタンゴム系塗膜防水材）	塗布量0.3kg/m²	塗布量0.3kg/m²
4	仕上げ塗り （一般用ウレタンゴム系塗膜防水材）	塗布量0.3kg/m²	塗布量1.5kg/m²

(7)　いったん防水材を塗布した平場面に足などを踏み入れて作業を行わないこと。

(8)　試験台端部の養生テープの除去は、試験時間内に行うこと。

4　支給材料

品　　名		寸法又は規格	数　量
立上がり用ウレタンゴム系塗膜防水材 ※		可使時間　20°Cで40分～50分 （1成分形・ライトグリーン）	1缶3.5kg
一般用ウレタンゴム系塗膜防水材 ※	主　剤	主剤：硬化剤=1：2	1缶1.2kg
	硬化剤	可使時間 20°C：50分(50分を過ぎると緩やかに硬化が進む) 33°C：40分(40分を過ぎると急に硬化が進む) （2成分形・グレー）	1缶2.4kg
補　　強　　布		ポリエステル繊維織布　1020mm幅 （重量47g/m²）	5m

※支給材料のウレタンゴム系塗膜防水材には、ヒトへの発がん性があるなど有害性が高い物質を
　含まない。

施工図（1級）

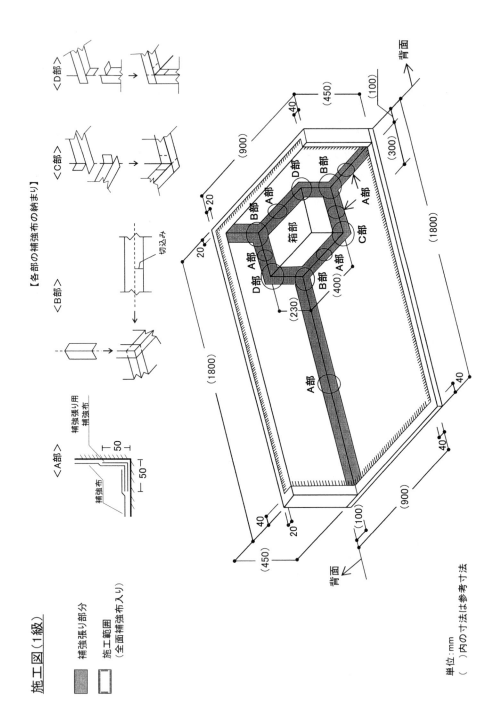

【各部の補強布の納まり】

<A部>

<B部>
切込み

<C部>

<D部>

補強張り用
補強布
T 50 ⊥
⊢ 50 ⊣
補強布

補強張り部分

施工範囲
（全面補強布入り）

背面

背面

箱部

A部　B部
C部　D部

（450）
（100）
（300）
（1800）
（900）
（450）
（100）
（900）
（1800）
40
20
20
（230）
（400）
40
40
40

単位：mm
（　）内の寸法は参考寸法

— 20 —

1級防水施工(ウレタンゴム系塗膜防水工事作業)実技試験使用工具等一覧表

(1) 受検者が持参するもの

品　名	寸法又は規格	数　量	備　考
巻尺又は直尺		1～2	
墨出し用具		一式	フェルトペン、定規、チョークリール等
かくはん棒	長さ40～50cm程度	1～2	
金ごて		1	ゴムごても可
ゴムべら		2	発泡体の加工べらも可
ばちべら		1	防水材取り出し用
バケツ	底部が丸形のもの	1	防水材の調合・かくはんに適したもの
はさみ		1	カッター等は不可
皮すき		1	缶切り用に他の工具を別に持参することは可(※1)
はかり		1	支給材料が正確に計量できるもの
ウエス		若干	
粘着テープ	幅5cm以上のもの	必要量	養生用(紙製のものは不可)
作業服等		一式	長袖作業着、長ズボン
保護帽		1	建築現場用
保護手袋		適当数	ゴム手袋等　軍手との併用可(軍手のみの作業は不可)
作業靴		1	作業に適したもの
ごみ袋		1	
飲料		適宜	熱中症対策・水分補給用(※2)

(注) 1　使用工具等は、上記のものに限るが、同一種類のものを予備として持参し、必要に応じて技能検定委員の許可を得て、使用することができる。

　　　2　使用工具等は、新品である必要はないが、正常に作動して機能を満たしていること。

　　　※1　皮すきに加えて、開缶用に缶切り器を持参することも可とする。

　　　※2　「飲料」については、受検者が各自で熱中症対策・水分補給用として、適宜持参すること。

(2) 試験場に準備されているもの

品　名	寸法又は規格	数　量	備　考
洗浄用溶剤		若干	洗浄は指定された場所で行うこと
養生材		必要量	試験台周辺床養生用
粘着テープ		必要量	同上

平成31年度 技能検定

2級防水施工（シーリング防水工事作業）

実技試験問題

　次の注意事項及び仕様に従って、あらかじめ用意された試験台に、施工図に示すシーリング防水作業を行いなさい。

1 試験時間

標準時間	1時間30分
打切り時間	1時間50分

2 注意事項

（1）　支給された材料の品名、数量等が、「4　支給材料」のとおりであることを確認すること。

（2）　支給された材料に異常がある場合は、申し出ること。

（3）　試験開始後は、原則として、支給材料の再支給をしない。ただし、シーリング材とプライマーについては、不足が生じた場合は、追加支給を受けることができるが、減点される。

（4）　使用工具等は、使用工具等一覧表で指定した以外のものは使用しないこと。また、カートリッジガンについては、事前にアダプターセットを装着し、異常がないことを確認すること。

（5）　試験中は、工具等の貸し借りを禁止とする。

（6）　作業時の服装等は、作業に適したものとし、保護帽、墜落制止用器具(安全帯)及び安全靴を着用すること。

（7）　標準時間を超えて作業を行った場合は、超過時間に応じて減点される。

（8）　作業終了は、シーリング作業及び作業場所の清掃が終了した時点とする。

（9）　作業が終了したら、技能検定委員に申し出ること。

（10）　試験場内は、材料等で汚損しないようにすること。

（11）　**この問題には、事前に書込みをしないこと。また、試験中には、他の用紙にメモをしたものや参考書等を参照することは禁止とする。**

（12）　試験中は、携帯電話(電卓機能の使用を含む。)等の使用を禁止とする。

3　仕様

(1)　シーリング防水作業は、4～5ページ＊の施工図及び各部見取図に従って行うこと。

(2)　作業は、高所作業を想定しているので、指定された場所を足場とみなして行うこと。

(3)　バックアップ材及びボンドブレーカーは、あらかじめ取り付けられている固定ゴムを取りは
　　ずさないで、指定の目地深さになるように装てんすること。

(4)　プライマーの塗布は、施工範囲内に1回塗りとし、オープンタイムを10分以上とること。
　　ただし、シリコーン系シーリング材を使用する箇所には、赤色のプライマーを使用し、変成
　　シリコーン系シーリング材を使用する箇所には、青色のプライマーを使用すること。

(5)　仕上げは、へら仕上げとし、へら押さえを行うこと。
　　ただし、ガラス下端の仕上げは、板ガラスの押縁面から3mm上りテーパーとすること。
　　なお、面落ち部分の仕上げには、バックアップ材を加工したものを使用してもよいこと。

(6)　マスキングテープは、仕上げ作業終了後、除去すること。

(7)　清掃は、試験台、作業場所について行うこと。

＊本書では巻末

4 支給材料

品　　名		寸法又は規格	数　量	備　　考
建築用シリコーン系シーリング材		JIS A 5758、1成分形、グレー、320mℓ、フィルムパックタイプ	2本	
建築用変成シリコーン系シーリング材		JIS A 5758、1成分形、グレー、320mℓ、フィルムパックタイプ	3本	
カートリッジガン用アダプターセット		シリコーン系シーリング材用	一式	プランジャー付
		変成シリコーン系シーリング材用	一式	筒・ノズル
バックアップ材	のりなし	8mm^w×10mm^t×1m^L	3本	
		11mm^w×8mm^t×1m^L	3本	白色のもの
		9mm^w×8mm^t×500mm^L	1本	白色のもの
		13mm^w×9mm^t×1m^L	3本	
	のりつき	⑨mm^w×3mm^t×1m^L	1本	○印がのりつき面
		⑲mm^w×5mm^t×1m^L	1本	
		⑲mm^w×8mm^t×1m^L	2本	
		⑳mm^w×8mm^t×66mm^L	1本	
ボンドブレーカー		19mm^w×200mm^L	1本	
マスキングテープ		18mm^w×18m^L	2巻	
プライマー	赤色	シリコーン系シーリング材用	30mℓ	60mℓ小びん入り
	青色	変成シリコーン系シーリング材用	30mℓ	60mℓ小びん入り
清掃用及び洗浄用溶剤			約150mℓ	200mℓポリ容器入り

施工図は本書巻末に掲載しています。

各部見取図は本書巻末に掲載しています。

2級防水施工（シーリング防水工事作業）実技試験使用工具等一覧表

(1) 受検者が持参するもの

品　名	寸法又は規格	数量	備　考
カートリッジガン	手動式	1	330mℓ用 カートリッジのアダプター(直径50mm、長さ230mm)が装着できるもの
仕上げ用へら		一式	面落ち仕上げ用バックアップ材を含む
カッターナイフ		1	
はけ		2	プライマー用
バックアップ材装着用ジグ	木製・竹製又はプラスチック製等	一式	
皮すき		1	
溶剤小分け容器	180mℓ入り程度	1	空缶でもよい
清掃用はけ		1	
ウエス		若干	
養生用シート	1m×2m以上	1	ビニルシートでもよい
ビニル袋		若干	ごみ入れ用、ポリエチレン袋でもよい
作業服等		一式	
手袋（軍手）		適宜	
保護帽		1	
墜落制止用器具（安全帯）	フルハーネス型又は胴ベルト型(1本つり)	1	
安全靴		1	
スケール	金属製直尺又は鋼製巻尺	1	
筆記用具	鉛筆・小刀等	一式	
飲料		適宜	熱中症対策、水分補給用

注　使用工具等は、上記のものに限るが、同一種類のものを予備として持参することはさしつかえない。

なお、「飲料」については、受検者が各自で、熱中症対策、水分補給用として持参すること。

(2) 試験場に準備されているもの

品　名	寸法又は規格	数量	備　考
ポリバケツ		1/約10名	工具類洗浄用、18ℓ缶の場合もある

平成31年度 技能検定

1級防水施工（シーリング防水工事作業）

実技試験問題

次の注意事項及び仕様に従って、あらかじめ用意された試験台に、施工図に示すシーリング防水作業を行いなさい。

1 試験時間

標準時間　　　2時間15分

打切り時間　　2時間35分

2 注意事項

（1）　支給された材料の品名、数量等が「**4　支給材料**」のとおりであることを確認すること。

（2）　支給された材料に異常がある場合は、申し出ること。

（3）　試験開始後は、原則として、支給材料の再支給をしない。ただし、シーリング材とプライマーについては、不足が生じた場合は、追加支給を受けることができるが、減点される。

（4）　使用工具等は、使用工具等一覧表で指定した以外のものは使用しないこと。また、カートリッジガンについては、事前にアダプターセットを装着し、異常がないことを確認すること。

（5）　試験中は、工具等の貸し借りを禁止とする。

（6）　作業時の服装等は、作業に適したものとし、保護帽、墜落制止用器具(安全帯)及び安全靴を着用すること。

（7）　標準時間を超えて作業を行った場合は、超過時間に応じて減点される。

（8）　作業終了は、シーリング作業及び作業場所の清掃が終了した時点とする。

（9）　作業が終了したら、技能検定委員に申し出ること。

（10）　試験場内は、材料等で汚損しないようにすること。

（11）　**この問題には、事前に書込みをしないこと。また、試験中には、他の用紙にメモをしたものや参考書等を参照することは禁止とする。**

（12）　試験中は、携帯電話(電卓機能の使用を含む。)等の使用を禁止とする。

3 仕様

（1）シーリング防水作業は、4〜5ページ＊の施工図及び各部見取図に従って行うこと。

（2）作業は、高所作業を想定しているので、指定された場所を足場とみなして行うこと。

　　　ただし、裏側からシーリング作業を行う場合は、指定された通路を通り、試験台の裏側に回ること。

（3）ガラスの位置の調整を行う場合は、左右から裏側に手を回してもよいが、上方から裏側に手を回すことは禁止する。

（4）板ガラス及び塩化ビニルの方立(C‐C断面詳細図右側)は、位置の調整をして、次により固定すること。

　　イ　　板ガラスは、ガラス固定ゴムを施工図(立面図)に示す位置に取り付けて固定すること。

　　ロ　　塩化ビニルの方立には、バックアップ材を使用すること。

（5）板ガラス突き合せ目地部の上下には、5ページの⑥部裏側見取図に示すようにバックアップ材を装てんすること。

（6）バックアップ材及びボンドブレーカーは、あらかじめ取り付けられている固定ゴムを取りはずさないで、指定の目地深さになるように装てんすること。

　　　ただし、方立下部に使用するバックアップ材は、施工図に示すように加工してから装てんすること。

（7）プライマーの塗布は、施工範囲内に1回塗りとし、オープンタイムを10分以上とること。

　　　ただし、シリコーン系シーリング材を使用する箇所には、赤色のプライマーを使用し、変成シリコーン系シーリング材を使用する箇所には、青色のプライマーを使用すること。

（8）仕上げは、へら仕上げとし、へら押さえを行うこと。

　　　ただし、ガラス下端及び塩化ビニルの方立下端の目地の仕上げは、板ガラス及び塩化ビニルの方立の接着面側を押縁面から3mm上りテーパーとすること。

　　　なお、面落ち部分の仕上げには、バックアップ材を加工したものを使用してもよいこと。

（9）マスキングテープは、仕上げ作業終了後、除去すること。

（10）清掃は、試験台、作業場所について行うこと。

＊本書では巻末

4 支給材料

品　　名		寸法又は規格	数　量	備　　考
建築用シリコーン系シーリング材		JIS A 5758、1成分形、クリヤー、320mℓ、フィルムパックタイプ	2本	
建築用変成シリコーン系シーリング材		JIS A 5758、1成分形、グレー、320mℓ、フィルムパックタイプ	3本	
カートリッジガン用アダプターセット		シリコーン系シーリング材用	一式	プランジャー付
		変成シリコーン系シーリング材用	一式	筒・ノズル
ガラス固定ゴム		8mm^w×10mm^t×50mm^L	12個	
		12.5mm^w×9mm^t×50mm^L	8個	
バックアップ材	のりなし	8mm^w×10mm^t×1m^L	3本	
		11mm^w×8mm^t×1m^L	3本	白色のもの
		9mm^w×8mm^t×500mm^L	1本	白色のもの
		13mm^w×9mm^t×1m^L	3本	
	のりつき	⑥mm^w×6mm^t×100mm^L	1本	○印がのりつき面
		⑨mm^w×3mm^t×1m^L	1本	
		⑲mm^w×5mm^t×1m^L	1本	
		⑲mm^w×3mm^t×1m^L	2本	
		⑳mm^w×8mm^t×66mm^L	1本	
ボンドブレーカー		19mm^w×200mm^L	1本	
マスキングテープ		18mm^w×18m^L	2巻	
プライマー	赤　色	シリコーン系シーリング材用	30mℓ	60mℓ小びん入り
	青　色	変成シリコーン系シーリング材用	30mℓ	60mℓ小びん入り
清掃用及び洗浄用溶剤			約150mℓ	200mℓポリ容器入り

施工図は本書巻末に掲載しています。

各部見取図は本書巻末に掲載しています。

1級防水施工（シーリング防水工事作業）実技試験使用工具等一覧表

(1) 受検者が持参するもの

品　名	寸法又は規格	数量	備　考
カートリッジガン	手動式	1	330mℓ用 カートリッジのアダプター(直径50mm、長さ230mm)が装着できるもの
仕上げ用へら		一式	面落ち仕上げ用バックアップ材も含む
カッターナイフ		1	
はけ		2	プライマー用
バックアップ材装着用ジグ	木製・竹製又はプラスチック製等	一式	
皮すき		1	
溶剤小分け容器	180mℓ入り程度	1	空缶でも可
清掃用はけ		1	
ウエス		若干	
養生用シート	1m×2m以上	1	ビニルシートでも可
ビニル袋		若干	ごみ入れ用、ポリエチレン袋でも可
作業服等		一式	
手袋（軍手）		適宜	
保護帽		1	
墜落制止用器具(安全帯)	フルハーネス型又は胴ベルト型(1本つり)	1	
安全靴		1	
スケール	金属製直尺又は鋼製巻尺	1	
筆記用具	鉛筆・小刀等	一式	
飲料		適宜	熱中症対策、水分補給用

注　使用工具等は、上記のものに限るが、同一種類のものを予備として持参することはさしつかえない。
　　なお、「飲料」については、受検者が各自で、熱中症対策、水分補給用として持参すること。

(2) 試験場に準備されているもの

品　名	寸法又は規格	数量	備　考
ポリバケツ		1/約10名	工具類洗浄用、18ℓ缶の場合もある

平成31年度 技能検定

2級防水施工（FRP防水工事作業）

実技試験問題

次の注意事項及び仕様に従って、試験台に、施工図に示すFRP防水工事作業を行いなさい。

1 試験時間

標準時間　　1時間30分

打切り時間　1時間50分

2 注意事項

(1) 試験前に、試験台周辺の床は、全て支給された養生材で養生すること。

(2) 支給された材料の品名、寸法、数量等が「4　支給材料」のとおりであることを確認すること。

(3) 支給された材料に異常がある場合は、申し出ること。

(4) 試験開始後は、材料が不足しても支給材料の再支給はしない。

(5) 使用工具等は、使用工具等一覧表で指定した以外のものは使用しないこと。

(6) 試験中は、工具等の貸し借りを禁止とする。

(7) 試験中は、指定された自分の作業場所(作業範囲)外で作業したり、材料工具類を置いてはならない。ただし、養生テープの除去の時には、試験台の背面に回って作業を行ってもよい。

(8) 試験場内は、材料等で汚損しないようにすること。

なお、硬化剤の取扱いには、十分注意すること。

(9) 喫煙は、指定の場所以外では行わないこと。

(10) 作業時の服装等は、作業に適したものとし、保護帽、保護手袋及び作業靴を着用すること。

(11) 標準時間を超えて作業を行った場合は、超過時間に応じて減点される。

(12) 作業が終了したら、技能検定委員に申し出ること。

(13) 試験終了後の工具等の洗浄は、溶剤を使用するので、指定された場所で火気に十分注意して行うこと。

(14) 試験終了後に、防水用ポリエステル樹脂の使用量を計量するので、支給した材料容器及び調合・かくはんに使用したバケツにローラーやごみ等を入れないこと。

(15) **この問題には、事前に書込みをしないこと。また、試験中には、他の用紙にメモしたものや参考書等を参照することは禁止とする。**

(16) 試験中は、携帯電話(電卓機能の使用を含む。)等の使用を禁止とする。携帯電話の電源は、必ず切っておくこと。

3　仕様

(1)　試験台は、合板張りで、寸法は、施工図に示すとおりであること。

(2)　試験場内の温度は、試験当日に表示する。

(3)　本試験では、清掃及びプライマーの塗布が終了しているものとみなし、その作業は行わない。

(4)　試験台の端部は、施工図に示す位置に墨出しをしてテープ養生すること。

　　なお、墨出しは、点であってもよい。

(5)　防水用ポリエステル樹脂及びパテ材の計量は、はかりで行い、硬化剤の計量は、ピペットで行う。

　　各々の配合は、表1に従い行うこと。

(6)　補強材の裁断は、はさみで行い、手では切らないこと。

　　なお、耳部は使用してはならない。

(7)　平場面及び笠木・立上がり面の補強材の張り付け範囲の端部は、施工範囲の端部から5mm以内とする。

(8)　防水層の施工は、次の①〜④の順序で行うこと。

　　①　・施工図に示す入隅部にパテ材で三角(1辺10〜30mm)又はR面(半径20mm程度)処理を行う。

　　　　・補強材の耳部を裁断する。

　　②　施工図に示す補強張り部分に、防水用ポリエステル樹脂を下塗りし、100mm幅に裁断した補強材を張り付け、防水用ポリエステル樹脂を上塗り・含浸・脱泡する。

　　　　なお、塗り幅は、150mm(各々の面に75mm)以上とし、使用量は、表2のとおりとする。

　　　　また、補強材相互の重ね幅は、50mm以上とする。

　　③　笠木・立上がり面に防水用ポリエステル樹脂を下塗りし、補強材を張り付け、防水用ポリエステル樹脂を上塗り・含浸・脱泡して仕上げる。

　　　　なお、使用量は、表2のとおりとする。

　　　　また、補強材相互の重ね幅は、50mm以上とし、補強材の平場面への張りかけは、50mm以上とする。

　　④　平場面に防水用ポリエステル樹脂を下塗りし、補強材を張り付け、防水用ポリエステル樹脂を上塗り・含浸・脱泡して仕上げる。

　　　　なお、使用量は、表2のとおりとする。

　　　　また、補強材相互の重ね幅は、50mm以上とする。

(9)　いったん防水材を塗布した平場面に足などを踏み入れて作業を行わないこと。

(10)　試験台端部の養生テープの除去は、試験時間内に行うこと。

表1 FRP防水材料と硬化剤の混合比

材　　　料	材料100gに対する 硬化剤の量
防水用ポリエステル樹脂	1〜2 mℓ
パテ材	1 mℓ

表2 各部位の防水用ポリエステル樹脂の使用量

部　　位	使　用　量
補強張り部分	下塗り・上塗りを合わせて1.4kg/m²
笠木・立上がり面	下塗り・上塗りを合わせて1.4kg/m²
平　場　面	下塗り・上塗りを合わせて1.6kg/m²

4 支給材料

品　　名	寸 法 又 は 規 格	数　量	備　考
防水用ポリエステル樹脂	材料100gに対し硬化剤1mℓを使用した 場合の可使時間(目安) 　　25℃で約50分 　　30℃で約30分 　　35℃で約20分	5.5 kg	
硬化剤	防水用ポリエステル樹脂及びパテ材用	0.12 kg (約120 mℓ)	
パテ材	ポリエステル系パテ材	0.4 kg	
補強材	防水用ガラスマット#450 幅1040mm、片耳タイプ	5.0 m	
洗浄用溶剤	アセトン	1.0 ℓ	

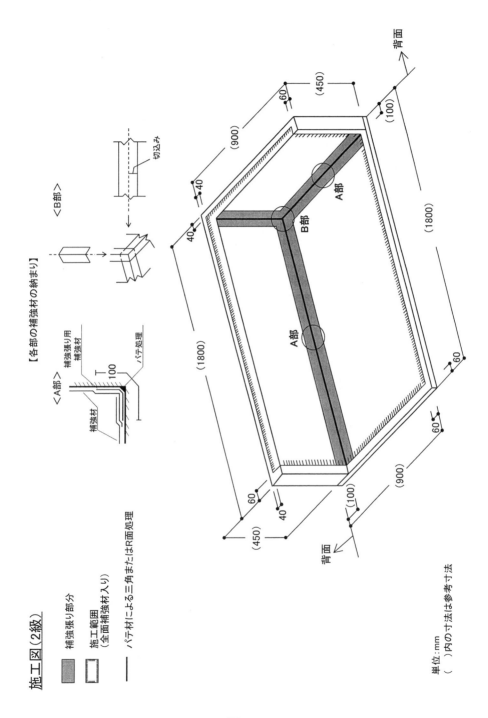

施工図（2級）

補強張り部分

施工範囲
（全面補強材入り）

パテ材による三角またはR面処理

単位：mm
（　）内の寸法は参考寸法

2級防水施工(FRP防水工事作業)実技試験使用工具等一覧表

(1) 受検者が持参するもの

品　　名	寸法又は規格	数量	備　　考
巻 尺 又 は 直 尺		1〜2	
墨 出 し 用 具		一式	フェルトペン、定規、チョークリール等
か く は ん 棒	木製又はプラスチック製	1	
ロ ー ラ ー 刷 毛		1〜3	ウールローラー等
脱 泡 用 ロ ー ラ ー		2〜3	スパイラルローラー及びスティールローラー
ピ ペ ッ ト		1	硬化剤の計量用
へ　　　ら		1〜2	パテ混練用及びパテ処理用(プラスチックなどの加工品も可)
合　　板	200mm×200mm程度	1	パテ混練用
バ ケ ツ	プラスチック製	3	防水材の調合・かくはんに適したもの
は さ み		1	
カ ッ タ ー ナ イ フ		1	養生撤去時の見切り用
皮 す き		1	
は か り		1	支給材料が正確に計量できるもの
ウ エ ス		若干	
粘 着 テ ー プ	幅5cm以上のもの	必要量	養生用 (紙製のものは不可)
作 業 服 等		一式	長袖作業着、長ズボン
保 護 帽		1	建築現場用
保 護 手 袋		適当数	ゴム手袋等 軍手との併用可(軍手のみの作業は不可)
保 護 具		適宜	保護メガネ等(必要に応じて持参のこと)
作 業 靴		1	作業に適したもの
ご み 袋		1	
筆 記 ・ 計 算 用 具		適宜	必要に応じて持参のこと
飲 料		適宜	熱中症対策・水分補給用

(注)　1　使用工具等は、上記のものに限るが、同一種類のものを予備として持参し、必要に応じて技能検定委員の許可を得て、使用することができる。

　　　2　使用工具等は、新品である必要はないが、正常に作動して機能を満たしていること。

　　　3　「飲料」については、受検者が各自で熱中症対策・水分補給用として、適宜持参すること。

(2) 試験場に準備されているもの

品　　名	寸法又は規格	数量	備　　考
洗 浄 用 溶 剤		若干	洗浄は指定された場所で行うこと
養 生 材		必要量	試験台周辺床養生用
粘 着 テ ー プ		必要量	同上

平成31年度 技能検定
1級防水施工（FRP防水工事作業）
実技試験問題

次の注意事項及び仕様に従って、試験台に、施工図に示すFRP防水工事作業を行いなさい。

1 試験時間

標準時間　　1時間30分

打切り時間　1時間50分

2 注意事項

(1) 試験前に試験台周辺の床は、全て支給された養生材で養生すること。

(2) 支給された材料の品名、寸法、数量等が「4　支給材料」のとおりであることを確認すること。

(3) 支給された材料に異常がある場合は、申し出ること。

(4) 試験開始後は、材料が不足しても支給材料の再支給はしない。

(5) 使用工具等は、使用工具等一覧表で指定した以外のものは使用しないこと。

(6) 試験中は、工具等の貸し借りを禁止とする。

(7) 試験中は、指定された自分の作業場所(作業範囲)外で作業したり、材料工具類を置いてはならない。ただし、養生テープの除去の時には、試験台の背面に回って作業を行ってもよい。

(8) 試験場内は、材料等で汚損しないようにすること。

なお、硬化剤の取扱いには、十分注意すること。

(9) 喫煙は、指定の場所以外では行わないこと。

(10) 作業時の服装等は、作業に適したものとし、保護帽、保護手袋及び作業靴を着用すること。

(11) 標準時間を超えて作業を行った場合は、超過時間に応じて減点される。

(12) 作業が終了したら、技能検定委員に申し出ること。

(13) 試験終了後の工具等の洗浄は、溶剤を使用するので、指定された場所で火気に十分注意して行うこと。

(14) 試験終了後に、防水用ポリエステル樹脂の使用量を計量するので、支給した材料容器及び調合・かくはんに使用したバケツにローラーやごみ等を入れないこと。

(15) **この問題には、事前に書込みをしないこと。また、試験中には、他の用紙にメモしたものや参考書等を参照することは禁止とする。**

(16) 試験中は、携帯電話(電卓機能の使用を含む。)等の使用を禁止とする。携帯電話の電源は、必ず切っておくこと。

3 仕様

(1) 試験台は、合板張りで、寸法は、施工図に示すとおりであること。

(2) 試験場内の温度は、試験当日に表示する。

(3) 本試験では、清掃及びプライマーの塗布が終了しているものとみなし、その作業は行わない。

(4) 試験台の端部は、施工図に示す位置に墨出しをしてテープ養生すること。

なお、墨出しは、点であってもよい。

(5) 防水用ポリエステル樹脂及びパテ材の計量は、はかりで行い、硬化剤の計量は、ピペットで行う。

各々の配合は、表1に従い行うこと。

(6) 補強材の裁断は、はさみで行い、手では切らないこと。

なお、耳部は使用してはならない。

(7) 平場面及び笠木・立上がり面の補強材の張り付け範囲の端部は、施工範囲の端部から5mm以内とする。

(8) 防水層の施工は、次の①～④の順序で行うこと。

① ・施工図に示す入隅部にパテ材で三角(1辺10～30mm)又はR面(半径20mm程度)処理を行う。

・補強材の耳部を裁断する。

② 施工図に示す補強張り部分に、防水用ポリエステル樹脂を下塗りし、100mm幅に裁断した補強材を張り付け、防水用ポリエステル樹脂を上塗り・含浸・脱泡する。

なお、塗り幅は、150mm(各々の面に75mm)以上とし、使用量は、表2のとおりとする。

また、補強材相互の重ね幅は、50mm以上とする。

③ 笠木・立上がり面・箱部に防水用ポリエステル樹脂を下塗りし、補強材を張り付け、防水用ポリエステル樹脂を上塗り・含浸・脱泡して仕上げる。

なお、使用量は、表2のとおりとする。

また、補強材相互の重ね幅は、50mm以上とし、補強材の平場面への張りかけは、50mm以上とする。

④ 平場面に防水用ポリエステル樹脂を下塗りし、補強材を張り付け、防水用ポリエステル樹脂を上塗り・含浸・脱泡して仕上げる。

なお、使用量は、表2のとおりとする。

また、補強材相互の重ね幅は、50mm以上とする。

(9) いったん防水材を塗布した平場面に足などを踏み入れて作業を行わないこと。

(10) 試験台端部の養生テープの除去は、試験時間内に行うこと。

表1　FRP防水材料と硬化剤の混合比

材　　　料	材料100gに対する 硬化剤の量
防水用ポリエステル樹脂	1～2 mℓ
パテ材	1 mℓ

表2　各部位の防水用ポリエステル樹脂の使用量

部　　位	使　用　量
補強張り部分	下塗り・上塗りを合わせて1.4kg/m²
笠木・立上がり面・箱部	下塗り・上塗りを合わせて1.4kg/m²
平　場　面	下塗り・上塗りを合わせて1.6kg/m²

4　支給材料

品　　名	寸　法　又　は　規　格	数　量	備　考
防水用ポリエステル樹脂	材料100gに対し硬化剤1mℓを使用した場合の可使時間(目安) 　25℃で約50分 　30℃で約30分 　35℃で約20分	5.5 kg	
硬化剤	防水用ポリエステル樹脂及びパテ材用	0.12 kg (約120 mℓ)	
パテ材	ポリエステル系パテ材	0.4 kg	
補強材	防水用ガラスマット#450 幅1040mm、片耳タイプ	5.0 m	
洗浄用溶剤	アセトン	1.0 ℓ	

施工図（1級）

補強張り部分

施工範囲
（全面補強材入り）

パテ材による三角またはR面処理

【各部の補強材の納まり】

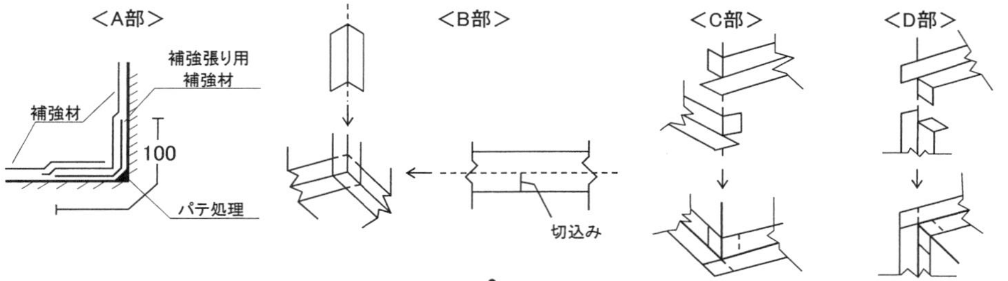
＜A部＞
補強張り用
補強材
補強材
100
パテ処理
＜B部＞
切込み
＜C部＞
＜D部＞

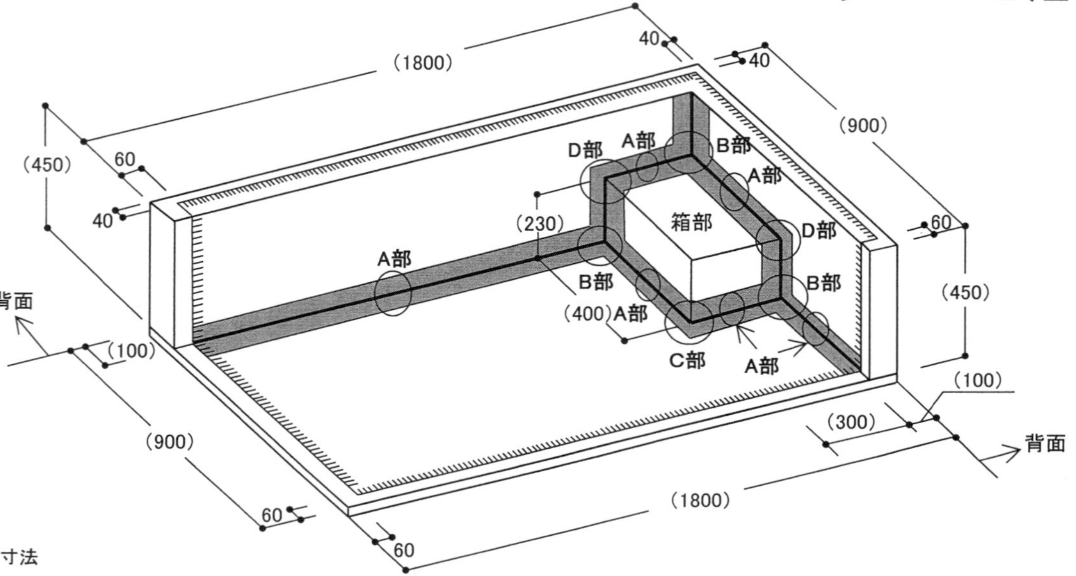
(1800)
40
40
(900)
(450)
60
40
A部
D部
A部
B部
A部
箱部
D部
(230)
B部
(400)
A部
B部
C部
A部
60
(450)
背面
(100)
(100)
(300)
背面
(900)
60
(1800)
60

単位：mm
（　）内の寸法は参考寸法

1級防水施工（FRP防水工事作業）実技試験使用工具等一覧表

(1) 受検者が持参するもの

品　名	寸法又は規格	数量	備　考
巻 尺 又 は 直 尺		1〜2	
墨 出 し 用 具		一式	フェルトペン、定規 チョークリール等
か く は ん 棒	木製又はプラスチック製	1	
ロ ー ラ ー 刷 毛		1〜3	ウールローラー等
脱 泡 用 ロ ー ラ ー		2〜3	スパイラルローラー及びスティールローラー
ピ ペ ッ ト		1	硬化剤の計量用
へ ら		1〜2	パテ混練用及びパテ処理用(プラスチックなどの加工品も可)
合 板	200mm×200mm程度	1	パテ混練用
バ ケ ツ	プラスチック製	3	防水材の調合・かくはんに適したもの
は さ み		1	
カ ッ タ ー ナ イ フ		1	養生撤去時の見切り用
皮 す き		1	
は か り		1	支給材料が正確に計量できるもの
ウ エ ス		若干	
粘 着 テ ー プ	幅5cm以上のもの	必要量	養生用（紙製のものは不可）
作 業 服 等		一式	長袖作業着、長ズボン
保 護 帽		1	建築現場用
保 護 手 袋		適当数	ゴム手袋等　軍手との併用可 (軍手のみの作業は不可)
保 護 具		適宜	保護メガネ等(必要に応じて持参のこと)
作 業 靴		1	作業に適したもの
ご み 袋		1	
筆 記 ・ 計 算 用 具		適宜	必要に応じて持参のこと
飲 料		適宜	熱中症対策・水分補給用

(注)　1　使用工具等は、上記のものに限るが、同一種類のものを予備として持参し、必要に応じて技能
　　　　検定委員の許可を得て、使用することができる。
　　　2　使用工具等は、新品である必要はないが、正常に作動して機能を満たしていること。
　　　3　「飲料」については、受検者が各自で熱中症対策・水分補給用として、適宜持参すること。

(2) 試験場に準備されているもの

品　名	寸法又は規格	数量	備　考
洗 浄 用 溶 剤		若干	洗浄は指定された場所で行うこと
養 生 材		必要量	試験台周辺床養生用
粘 着 テ ー プ		必要量	同上

令和2年度 技能検定
2級 防水施工（塩化ビニル系シート防水工事作業）
実技試験問題

　次の注意事項及び仕様に従って、課題図に基づき、あらかじめ用意された試験台に、塩化ビニル系シート防水工事作業を行いなさい。

1 試験時間

　　　標 準 時 間　　　1時間50分

　　　打切り時間　　　2時間20分

2 注意事項

(1)　支給された材料の品名、数量等が、「4　支給材料」のとおりであることを確認すること。

(2)　支給された材料に異常がある場合は、申し出ること。

(3)　試験開始後は、原則として、支給材料の再支給をしない。

(4)　使用工具等は、使用工具等一覧表で指定した以外のものは使用しないこと。

(5)　試験中は、工具等の貸し借りを禁止とする。

(6)　作業時の服装等は、作業に適したものとし、保護帽及び作業靴を着用すること。

(7)　標準時間を超えて作業を行った場合は、超過時間に応じて減点される。

(8)　作業終了の申告は、手を挙げて技能検定委員に申し出ること。
　　　なお、作業終了の申告後に、試験台周辺の清掃及び後かたづけを行うこと。

(9)　**この問題には、事前に書込みをしないこと。また、試験中には、他の用紙にメモをしたものや参考書等を参照することは禁止とする。**

(10)　試験中は、携帯電話、スマートフォン、ウェアラブル端末等の使用(電卓機能の使用を含む。)を禁止とする。

(11)　機器操作、工具・材料等の取扱いについて、そのまま継続すると機器・設備の破損やけがなどを招くおそれがあり危険であると技能検定委員が判断した場合、試験中にその旨を注意することがある。

　　　さらに、当該注意を受けてもなお、危険な行為を続けた場合、技能検定委員全員の判断により試験を中止し、かつ失格とする。ただし、緊急性を伴うと判断された場合は、注意を挟まず即中止(失格)とすることがある。

3 仕様

イ 試験台は合板張りで、寸法は課題図に示すとおりである。

なお、課題図及び詳細図1に示すとおり、平場は機械的固定工法及び接着工法、立上がりは接着工法による作業を行うこと。

ロ 作業に際しては、課題図に示す試験台の施工範囲に、チョークリールまたは水糸で墨打ちを行うこと。また、接着剤塗布範囲には、テープ等の養生を行わないこと。

ハ 水勾配は、課題図に示すとおりとすること。

ニ シート相互の接合箇所は、課題図、詳細図2及び詳細図3に示すとおりとすること。ただし、接着工法の平場において、任意の位置に1箇所、シート相互の接合部を設けること。

ホ シートの4枚重ねは、作らないこと。

ヘ シート相互の接合部は、重ね合わせ幅を40～45mmとすること。なお、接着剤の塗布範囲の墨出しは任意とし、テープ等の養生は行わないこと。

ト シートを試験台に張り付けた後、シートを裁断する場合は、下側のシートを傷つけないように養生すること。

チ シート相互の接合及びシートと固定金具との接合は、溶剤溶着若しくは熱融着又は溶剤溶着と熱融着の併用とする。また、シート相互の接合部の端部には、詳細図2及び詳細図3に示す位置に液状シール材を打つこと。

リ シートの立上がり端部には、接着剤塗布後、詳細図2に示す位置にテープ状シール材を張り付けること。

ヌ 出隅角部及び入隅角部は、課題図及び詳細図2に示すとおり成形役物で処理をすること。ただし、入隅角部については、どちらか一方にのみ成形役物を取り付けること。

ル 固定金具の取付け位置は、詳細図1に示すとおりとし、止付けはくぎ打ちとすること。また、くぎの位置は、末端部及び接合部では固定金具の端からそれぞれ20～30mm程度とし、止付け位置相互の間隔は、300mm以下とすること。

ヲ 固定金具端部は、相互の間隔を5mm程度とし、すべての継ぎ目にはそれぞれ目地テープを張ること。

4 支給材料

品　　　名	寸 法 又 は 規 格	数量	備　　考
塩化ビニル樹脂系シート	幅 1.2m程度×長さ 2.5m 厚さ 1.5mm	1枚	一般複合タイプ(クロス入り)
接着剤	ニトリルゴム系	1.0kg	エマルション系(検定用)も使用可
テープ状シール材	幅30mm、厚さ1mm程度　又は 幅50mm、厚さ2mm程度	3m	
成形役物(入隅用)		1個	形状は支給材による
成形役物(出隅用)		1個	形状は支給材による
金物穴開け用木台	たる木材、長さ 300mm程度	1個	
固定金具	幅 50mm、長さ 2m、穴なし品	2本	形状は支給材による
くぎ(固定金具用)	長さ 25mm(ボードくぎ)	25本	
溶着剤		300cc	
液状シール材	塩化ビニル樹脂系(撹拌済みのもの)	200g	
目地テープ	幅 18〜25mm　(クラフトテープ)	1巻	接着剤塗布時の養生用としての使用は不可

2級防水施工（塩化ビニル系シート防水工事作業）実技試験使用工具等一覧表

(1) 受検者が持参するもの

品　名	寸法又は規格	数量	備　考
鋼　尺	フラットバー、アングルでも可	2	シート裁断時の養生にも使用可
巻　尺	2.0m以上	1	
墨出し用具		適宜	チョーク、チョークリール、水糸、筆記用具
カッター		1	
は　さ　み		1	
は　け		1	溶剤溶着用
く　し　ば　け		1	接着剤塗布用
小　出　し　缶	はけが使える大きさ	1	溶着剤分配用
バ　ケ　ツ	約5ℓ入り	1	接着剤分配用(半切り缶でも可)
押　さ　え　板		1	溶着接合用
液状シール材塗布具		1	液状シール材分配容器も兼用
ハンドローラー	熱風融着用、転圧用	各1	
ステッチャー		1	
チェック棒	かぎ付きでも可	1	溶着部点検用
電　気　コ　ー　ド	5m以上	1	
熱　風　溶　接　機	100V用	1	
電　気　ド　リ　ル	金属用きり先φ3.5mm	1	固定金具穴開け用
ト　ー　チ　ラ　ン　プ	ハンドタイプ	1	
ド　ラ　イ　バ　ー	マイナス用	1	
プ　ラ　イ　ヤ　ー		1	ペンチでも可
ハ　ン　マ　ー		1	くぎ打ち用
ブリキバサミ		1	固定金具切断用
や　す　り		1	金物切口調整用
さ　し　が　ね		1	固定金具けがき用

品　　　　名	寸法又は規格	数量	備　　　　考
清　掃　用　具		一式	ほうき、ちりとり、ゴミ袋等
ウ　エ　ス		若干	
養　生　材	8m²程度	一式	試験台周囲の床面養生用(ポリエチレンシート等) 上記の養生材を固定するテープを含む
作　業　服　等		一式	
保　護　帽		1	
作　業　靴		1	通常の建築工事の現場作業に適した安全靴
軍　手		適宜	ゴムコーティングされたものも可 電気ドリル使用時には着用不可
皮　手　袋		1	
飲　料		適宜	水分補給用

(注1)　使用工具等の種類は上記のものに限るが、同一種類のものを予備として持参することはさしつかえない。

(注2)　「飲料」については、受検者が各自で試験会場の状況や天候等を考慮の上、適宜、持参すること。

(2)　試験場に準備されているもの

(数量は、特にことわりがない場合は、受検者1名当たりの数量とする。)

品　　　名	寸法又は規格	数　量	備　　考
試　験　台		1	

注意　必要に応じて、変圧器(スライダック)は、試験場に用意してある。

課 題 図　単位：mm

（ ）内の寸法は参考寸法

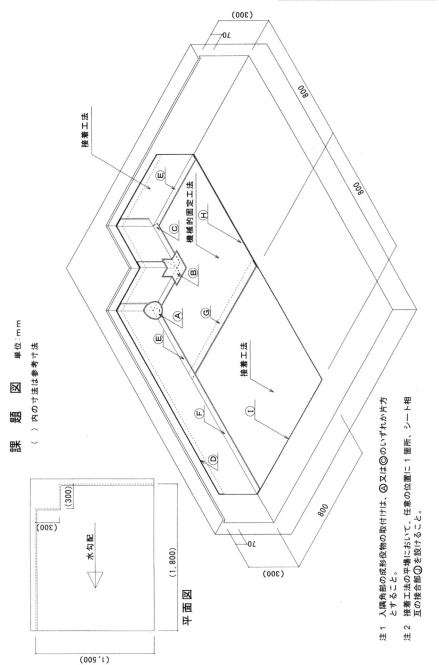

接着工法

機械的固定工法

接着工法

平 面 図

水勾配

(300)

(300)

(1,800)

(1,500)

(300)

(300)

(800)

800

800

70

70

注1　入隅角部の成形役物の取付けは、Ⓐ又はⒸのいずれか片方
　　とすること。

注2　接着工法の平場において、任意の位置に1箇所、シート相
　　互の接合部Ⓘを設けること。

— 49 —

詳細図 1　（固定金具取り付け及び接着剤塗布範囲）　単位：mm

接着剤塗布範囲

固定金具取付位置

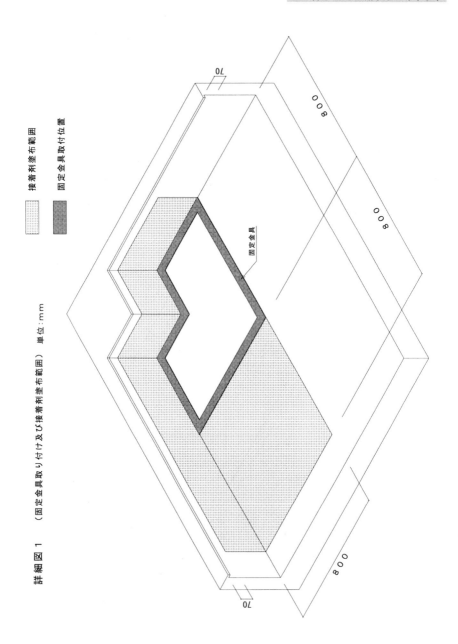

固定金具

70

800

800

800

70

A3判を50%に縮小してあります

詳細図 2（納まり図）単位：mm

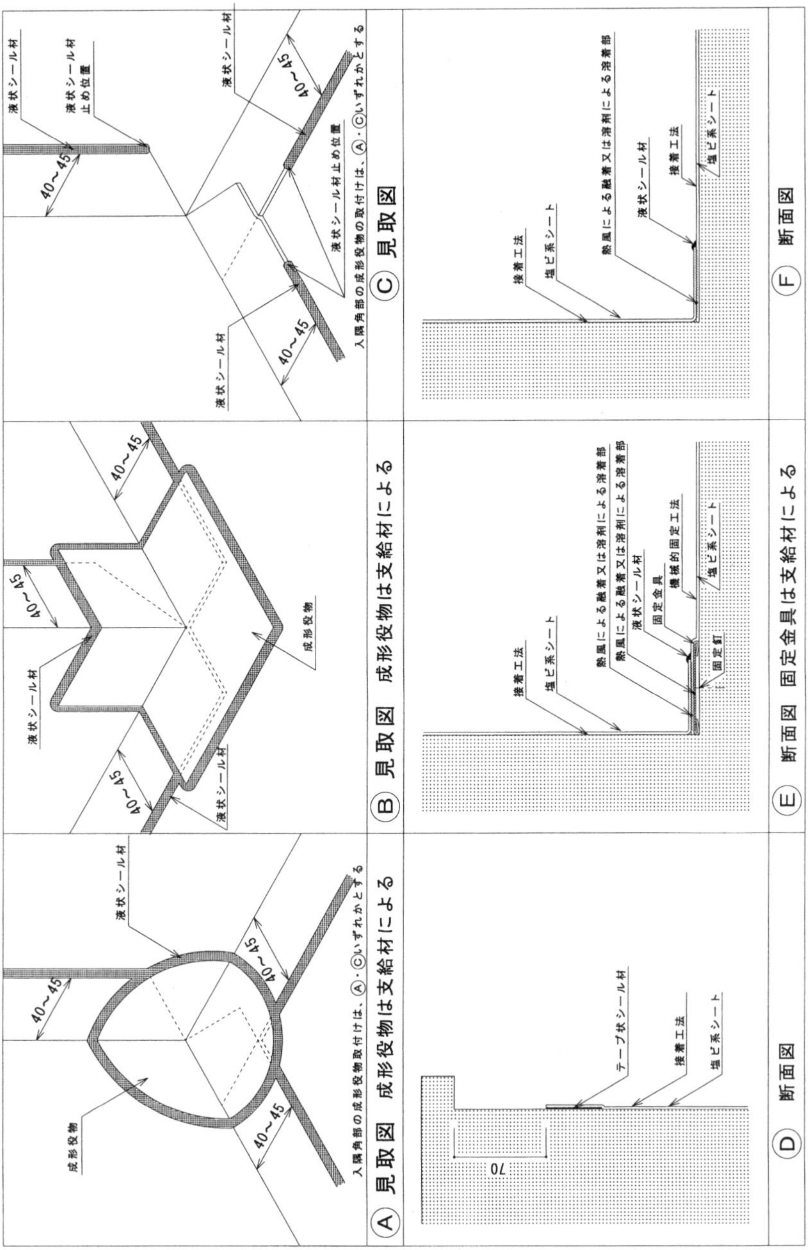

Ⓐ　見取図　成形役物は支給材による

入隅角部の成形役物取付けは、Ⓐ・Ⓒいずれかとする

Ⓑ　見取図　成形役物は支給材による

Ⓒ　見取図

入隅角部の成形役物の取付け位置は、Ⓐ・Ⓒいずれかとする

Ⓓ　断面図

Ⓔ　断面図　固定金具は支給材による

Ⓕ　断面図

詳細図 3 （納まり図）単位：mm

（ ）内の寸法は参考寸法

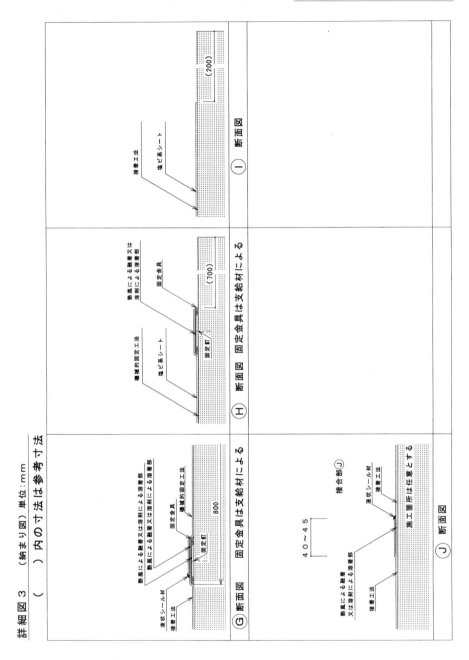

G 断面図　固定金具は支給材による

液状シール材
接着工法
固定金具
固定釘
熱風による融着又は溶剤による溶着部
熱風による融着又は溶剤による溶着部
機械的固定工法
塩ビ系シート
800

H 断面図　固定金具は支給材による

機械的固定工法
塩ビ系シート
固定釘
固定金具
熱風による融着又は溶剤による溶着部
(700)

I 断面図

接着工法
塩ビ系シート
(200)

J 断面図

40～45
接合部J
液状シール材
接着工法
熱風による融着又は溶剤による溶着部
接着工法
施工箇所は任意とする

令和2年度 技能検定
1級 防水施工（塩化ビニル系シート防水工事作業）
実技試験問題

　次の注意事項及び仕様に従って、課題図に基づき、あらかじめ用意された試験台に、塩化ビニル系シート防水工事作業を行いなさい。

1　試験時間

　　　　標準時間　　　1時間50分

　　　　打切り時間　　2時間20分

2　注意事項

(1)　支給された材料の品名、数量等が、「4　支給材料」のとおりであることを確認すること。

(2)　支給された材料に異常がある場合は、申し出ること。

(3)　試験開始後は、原則として、支給材料の再支給をしない。

(4)　使用工具等は、使用工具等一覧表で指定した以外のものは使用しないこと。

(5)　試験中は、工具等の貸し借りを禁止とする。

(6)　作業時の服装等は、作業に適したものとし、保護帽及び作業靴を着用すること。

(7)　標準時間を超えて作業を行った場合は、超過時間に応じて減点される。

(8)　作業終了の申告は、手を挙げて技能検定委員に申し出ること。
　　　なお、作業終了の申告後に、試験台周辺の清掃及び後かたづけを行うこと。

(9)　**この問題には、事前に書込みをしないこと。また、試験中には、他の用紙にメモをしたものや参考書等を参照することは禁止とする。**

(10)　試験中は、携帯電話、スマートフォン、ウェアラブル端末等の使用（電卓機能の使用を含む。）を禁止とする。

(11)　機器操作、工具・材料等の取扱いについて、そのまま継続すると機器・設備の破損やけがなどを招くおそれがあり危険であると技能検定委員が判断した場合、試験中にその旨を注意することがある。
　　　さらに、当該注意を受けてもなお、危険な行為を続けた場合、技能検定委員全員の判断により試験を中止し、かつ失格とする。ただし、緊急性を伴うと判断された場合は、注意を挟まず即中止（失格）とすることがある。

3 仕様

（1）一般事項

イ　試験台は合板張りで、寸法は課題図に示すとおりである。

　　なお、課題図及び詳細図1に示すとおり、平場は機械的固定工法及び接着工法、立上がりは接着工法による作業を行うこと。

ロ　作業に際しては、課題図に示す試験台の施工範囲に、チョークリールまたは水糸で墨打ちを行うこと。また、接着剤塗布範囲には、テープ等の養生を行わないこと。

ハ　水勾配は、課題図に示すとおりとすること。

ニ　シート相互の接合箇所は、課題図、詳細図2及び詳細図3に示すとおりとすること。ただし、立上がり面①のシートには、任意の位置に1箇所、シート相互の接合部を設けること。

ホ　シートの4枚重ねは、作らないこと。

ヘ　シート相互の接合部は、重ね合わせ幅を40～45mmとすること。なお、接着剤の塗布範囲の墨出しは任意とし、テープ等の養生は行わないこと。

ト　シートを試験台に張り付けた後、シートを裁断する場合は、下側のシートを傷つけないように養生すること。

チ　シート相互の接合及びシートと固定金具との接合は、溶剤溶着若しくは熱融着又は溶剤溶着と熱融着の併用とする。また、シート相互の接合部の端部には、詳細図2及び詳細図3に示す位置に液状シール材を打つこと。

リ　シートの立上がり端部には、接着剤塗布後、詳細図2に示す位置にテープ状シール材を張り付けること。

ヌ　出隅角部及び入隅角部は、課題図及び詳細図2に示すとおり処理すること。

ル　固定金具の取付け位置は、詳細図1に示すとおりとし、止付けはくぎ打ちとすること。また、くぎの位置は、末端部及び接合部では固定金具の端からそれぞれ20～30mm程度とし、止付け位置相互の間隔は、300mm以下とすること。

ヲ　固定金具端部は、相互の間隔を5mm程度とし、すべての継ぎ目にはそれぞれ目地テープを張ること。

（2）貫通配管回り

イ　シートの立上がり端部には、接着剤塗布後、詳細図3に示す位置にテープ状シール材を張り付けること。

ロ　貫通配管回り立上がり用シート相互の接合幅は、40～45mmとし、貫通配管回り立上がり用シートと平場のシートの接合幅は、20mm程度とすること。

ハ　貫通配管回り立上がり用シートの立上がり高さは、150mm程度とすること。

ニ　貫通配管は、長いものを想定し、平場のシートを上からかぶせることは禁止する。

ホ　貫通配管回り立上がり用シートは、1枚のシートで張り、平場への接合部には、切込みを入れないこと。

4 支給材料

品　　名	寸 法 又 は 規 格	数量	備　考
塩化ビニル樹脂系シート	幅 1.2m程度×長さ 2.5m 厚さ 1.5mm	1枚	一般複合タイプ(クロス入り)
接着剤	ニトリルゴム系	1.0kg	エマルション系(検定用)も使用可
テープ状シール材	幅 30mm、厚さ 1mm程度　又は 幅 50mm、厚さ 2mm程度	3m	
成形役物(入隅用)		1個	形状は支給材による
成形役物(出隅用)		1個	形状は支給材による
貫通配管回り立上がり用シート	幅 300mm×長さ 500mm 厚さ 1.5mm	1枚	一般複合タイプ(クロスなし)又は均質シート
金物穴開け用木台	たる木材、長さ 300mm程度	1個	
固定金具	幅 50mm、長さ 2m、穴なし品	2本	形状は支給材による
くぎ(固定金具用)	長さ 25mm(ボードくぎ)	25本	
溶着剤		300cc	
液状シール材	塩化ビニル樹脂系(撹拌済みのもの)	200g	
目地テープ	幅 18〜25mm （クラフトテープ）	1巻	接着剤塗布時の養生用としての使用は不可

1級防水施工（塩化ビニル系シート防水工事作業）実技試験使用工具等一覧表

(1)　受検者が持参するもの

品　　　名	寸法又は規格	数量	備　　　考
鋼　　　　　尺	フラットバー、アングルでも可	2	シート裁断時の養生にも使用可
巻　　　　　尺	2.0m以上	1	
墨 出 し 用 具		適宜	チョーク、チョークリール、水糸、筆記用具
カ ッ タ ー		1	円切りカッターは不可
は　さ　み		1	
は　　　け		1	溶剤溶着用
く し ば け		1	接着剤塗布用
小 出 し 缶	はけが使える大きさ	1	溶着剤分配用
バ　ケ　ツ	約5ℓ入り	1	接着剤分配用（半切り缶でも可）
押 さ え 板		1	溶着接合用
液状シール材塗布具		1	液状シール材分配容器も兼用
ハ ン ド ロ ー ラ ー	熱風融着用・転圧用	各1	
ス テ ッ チ ャ ー		1	
チ ェ ッ ク 棒	かぎ付きでも可	1	溶着部点検用
電 気 コ ー ド	5m以上	1	
熱 風 溶 接 機	100V用	1	
電 気 ド リ ル	金属用きり先φ3.5mm	1	固定金具穴開け用
ト ー チ ラ ン プ	ハンドタイプ	1	
ド ラ イ バ ー	マイナス用	1	
プ ラ イ ヤ ー		1	ペンチでも可
ハ ン マ ー		1	くぎ打ち用
ブ リ キ バ サ ミ		1	固定金具切断用
や　す　り		1	金物切口調整用
さ し が ね		1	固定金具けがき用

品　　　名	寸法又は規格	数量	備　　　考
清　掃　用　具		一式	ほうき、ちりとり、ゴミ袋等
ウ　　エ　　ス		若干	
養　　生　　材	8m²程度	一式	試験台周囲の床面養生用(ポリエチレンシート等) 上記の養生材を固定するテープを含む
作　業　服　等		一式	
保　　護　　帽		1	
作　　業　　靴		1	通常の建築工事の現場作業に適した安全靴
軍　　　　手		適宜	ゴムコーティングされたものも可 電気ドリル使用時には着用不可
皮　　手　　袋		1	
飲　　　　料		適宜	水分補給用

(注1) 使用工具等の種類は、上記のものに限るが、同一種類のものを予備として持参することはさしつかえない。

(注2) 「飲料」については、受検者が各自で試験会場の状況や天候等を考慮の上、適宜、持参すること。

(2) 試験場に準備されているもの

(数量は、特にことわりがない場合は、受検者1名当たりの数量とする。)

品　　　名	寸法又は規格	数　量	備　　　考
試　　験　　台		1	

注意　必要に応じて、変圧器(スライダック)は、試験場に用意してある。

課 題 図　単位：mm

（　）内の寸法は参考寸法

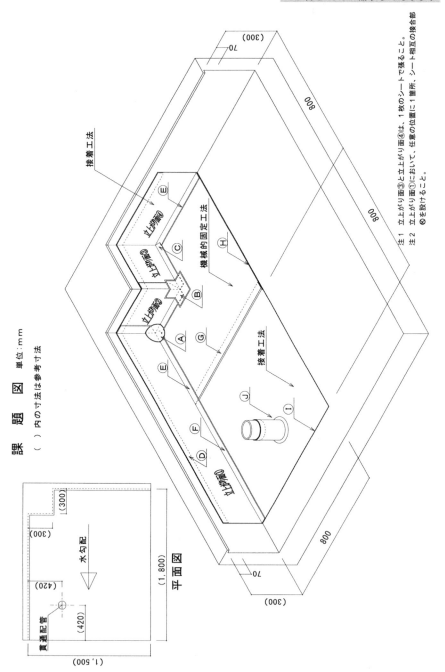

接着工法

立上がり面③

立上がり面④

機械的固定工法

立上がり面②

立上がり面①

接着工法

E

C

H

B

A

G

E

J

I

F

D

注1　立上がり面③と立上がり面④は、1枚のシートで張ること。
注2　立上がり面①において、任意の位置に1箇所、シート相互の接合部
　　　◎を設けること。

平 面 図

（300）

（300）

（420）

（420）

（1,800）

（1,500）

貫通配管

水勾配

800

800

800

800

70

（300）

70

（300）

－ 58 －

A 3判を 45%に縮小してあります

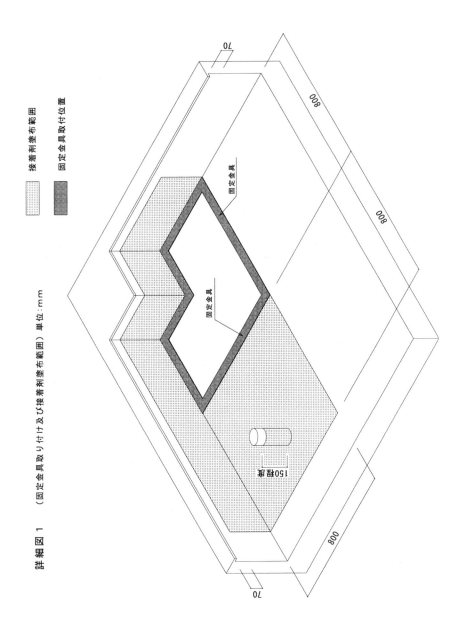

詳 細 図 1 　（固定金具取り付け及び接着剤塗布範囲）単位：mm

接着剤塗布範囲

固定金具取付位置

固定金具

固定金具

150接着

800

800

800

70

70

詳細図 2 （納まり図） 単位：mm

A 見取図　成形役物は支給材による

40～45
液状シール材
40～45
成形役物

B 見取図　成形役物は支給材による

40～45
40～45
液状シール材
40～45
40～45
成形役物
液状シール材

C 見取図

40～45
液状シール材
液状シール材止め位置
40～45
液状シール材

D 断面図

テープ状シール材
接着工法
塩ビ系シート
70

E 断面図　固定金具は支給材による

熱風による融着又は溶剤による溶着部
液状シール材
固定金具
固定釘
機械的固定工法
熱風による融着又は溶剤による溶着部
接着工法
塩ビ系シート

F 断面図

熱風による融着又は溶剤による溶着部
液状シール材
接着工法
塩ビ系シート
接着工法
塩ビ系シート

A3判を50％に縮小してあります

詳細図 3　（納まり図）単位：mm
（　）内の寸法は参考寸法

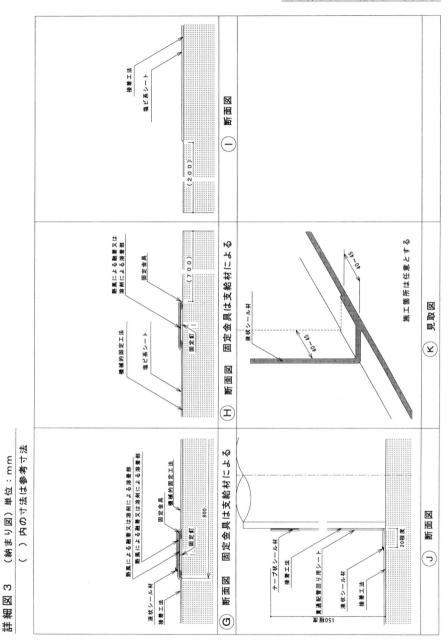

防水施工

学科試験問題

平成 31 年度 技能検定
2 級 防水施工 学科試験問題
(ウレタンゴム系塗膜防水工事作業)

1. 試験時間　1 時間 40 分
2. 問題数　50 題(A 群 25 題、B 群 25 題)
3. 注意事項
   （1）　係員の指示があるまで、この表紙はあけないでください。
   （2）　答案用紙(真偽法と多肢択一法の併用)に検定職種名、作業名、級別、受検番号、氏名を必ず記入してください。
   （3）　係員の指示に従って、問題数を確かめてください。それらに異常がある場合は、黙って手を挙げてください。問題は A 群(真偽法)と B 群(多肢択一法)とに分かれています。
   （4）　試験開始の合図で始めてください。
   （5）　解答の方法(真偽法と多肢択一法の併用)は次のとおりです。
   　　　イ．　A 群の問題(真偽法)は、一つ一つの問題の内容が正しいか、誤っているかを判断して解答してください。
   　　　ロ．　B 群の問題(多肢択一法)は、正解と思うものを一つだけ選んで、解答してください。二つ以上に解答した場合は誤答となります。
   　　　ハ．　答案用紙(マークシート用紙)へ解答する際は、答案用紙に記載されている注意事項に従ってください。
   　　　ニ．　答案用紙の解答欄は、A 群の問題と B 群の問題とでは異なります。所定の解答欄に、試験問題の題数に応じて解答してください。解答欄は A 群は 50 題まで、B 群は 25 題まで解答できるようになっています。
   （6）　電子式卓上計算機その他これと同等の機能を有するものは、使用してはいけません。
   （7）　携帯電話等は、使用してはいけません。
   （8）　試験中、質問があるときは、黙って手を挙げてください。ただし、試験問題の内容、漢字の読み方等に関する質問にはお答えできません。
   （9）　試験終了時刻前に解答ができあがった場合は、黙って手を挙げて、係員の指示に従ってください。
   （10）　試験中に手洗いに立ちたいときは、黙って手を挙げて、係員の指示に従ってください。
   （11）　試験終了の合図があったら、筆記用具を置き、係員の指示に従ってください。

[A群(真偽法)]

1 単管足場とは、鋼管を工事現場において緊結金具(クランプ等)を用いて組み立てる建込み足場のことである。

2 レディーミクストコンクリートとは、コンクリート製造工場から固まっていない状態で、工事現場に配送されるコンクリートのことをいう。

3 日本工業規格(JIS)の建築製図通則によれば、下図は、軽量壁一般を表す材料構造表示記号である。

4 建築基準法関係法令によれば、階段は、主要構造部に含まれている。

5 労働安全衛生法関係法令によれば、つり足場の上で、脚立を使用して作業してもよい。

6 ウレタンゴム系塗膜防水の補強布の裁断には、ハサミが適している。

7 ウレタンゴム系塗膜防水材の平場への塗布において、硬化物密度が1.2Mg／m³、塗膜厚さ3mmの場合、防水材の塗布量は、3.0kg／m²である。

8 日本建築学会建築工事標準仕様書(JASS)によれば、ウレタンゴム系塗膜防水材を希釈する場合、希釈剤の量は、防水材に対し5%以内である。

9 ウレタンゴム系塗膜防水の特徴の一つは、役物等の施工がしやすいことである。

10 ウレタンゴム系塗膜防水の絶縁工法(通気緩衝工法)において、脱気装置は、一般に、水上よりも水下に設置するのがよい。

11 ウレタンゴム系塗膜防水の絶縁工法(通気緩衝工法)では、平場の通気緩衝シート張りよりも立上りの補強布を先に張る。

12 ウレタンゴム系塗膜防水は、気温が5℃以下の場合は、施工は避けた方がよい。

13 ウレタンゴム系塗膜防水を施工する下地にレイタンスがある場合は、プライマーを十分に塗布するとよい。

14 ウレタンゴム系塗膜防水において、密閉した室内での防水工事には、有機溶剤タイプのプライマーが適している。

15 ウレタンゴム系塗膜防水(密着工法)において、補強布に浮きが生じた場合は、その部分を切り取り、補強布の増し張り及び防水材の増し塗りをするとよい。

16 ウレタンゴム系塗膜防水層に発生した硬化不良の原因の一つとして、防水材の1回当たりの塗布量不足がある。

17 ウレタンゴム系塗膜防水(密着工法)において、下地コンクリートが乾燥不十分なときは、ふくれが発生しやすい。

18 ウレタンゴム系塗膜防水の仕上塗料を吹付けで施工する場合は、施工部だけでなく周辺の養生も必要である。

19 ウレタンゴム系塗膜防水において、仕上塗料のチョーキングとは、仕上塗料が劣化し、塗膜表面に白い粉がふく現象をいう。

20 PCa(プレキャスト鉄筋コンクリート部材)は、多孔質化させた原料をオートクレーブ養生して得られる。

21 鉄筋コンクリート造において、ルーフドレンは、型枠に先付けしてコンクリートを打設するとよい。

22 PCa(プレキャスト鉄筋コンクリート部材)下地は、現場打ちコンクリートよりもひび割れが生じやすい。

23 ウレタンゴム系塗膜防水の補強布は、下地のひび割れによる防水層の破断を防止する効果がある。

24 超速硬化ウレタン吹付けは、あらかじめ主剤と硬化剤を混合し、吹付けガンまで圧送して吹き付ける。

25 塩化ビニル樹脂系防水シートは、溶着により接合することができる。

[B群(多肢択一法)]

1　下図の屋根の形状の名称として、適切なものはどれか。
イ　方形_{ほうぎょう}
ロ　寄棟_{よせむね}
ハ　片流れ
ニ　入母屋_{いりもや}

2　モルタルの構成材料として、適切でないものはどれか。
イ　セメント
ロ　砂(細骨材)
ハ　砂利(粗骨材)
ニ　水

3　日本工業規格(JIS)の建築製図通則によれば、下図の材料構造表示記号が表すものとして、正しいものはどれか。
イ　割栗
ロ　石材
ハ　タイル
ニ　地盤

4　建築基準法関係法令によれば、耐水材料でないものはどれか。
イ　コンクリート
ロ　アスファルト
ハ　石
ニ　せっこうボード

5　文中の(　)内に当てはまる数値として、正しいものはどれか。
労働安全衛生法関係法令によれば、脚立は、脚と水平面との角度を(　)度以下とし、かつ、折りたたみ式のものにあっては、脚と水平面との角度を確実に保つための金具等を備えることと規定されている。
イ　55
ロ　65
ハ　75
ニ　85

6　ウレタンゴム系塗膜防水において、下地処理に使用する器工具として、適切でないものはどれか。
イ　ケレン棒
ロ　ディスクサンダー
ハ　ワイヤーブラシ
ニ　スクイジー

7 ウレタンゴム系塗膜防水において、プライマーを立上りに塗布するのに使用する器工具として、適切なものはどれか。
    イ　くしばけ
    ロ　金ごて
    ハ　スモールローラー
    ニ　皮すき

8 押えコンクリートの上にウレタンゴム系塗膜防水(密着工法)で改修する場合、伸縮目地に充填する材料として、適切なものはどれか。
    イ　モルタル
    ロ　砂
    ハ　ゴムアスファルト系シール材
    ニ　ポリウレタン系シーリング材

9 文中の(　　)内に当てはまる数値として、正しいものはどれか。
日本建築学会建築工事標準仕様書(JASS)によれば、ウレタンゴム系塗膜防水の補強布の重ね幅は、(　　)mm程度である。
    イ　30
    ロ　50
    ハ　70
    ニ　100

10 ウレタンゴム系塗膜防水において、層間プライマーを使用する下地として、適切なものはどれか。
    イ　ALCパネル
    ロ　金属
    ハ　湿潤面
    ニ　既存ウレタン防水層

11 公共建築工事標準仕様書によれば、ウレタンゴム系塗膜防水で平場に補強布を使用する工法はどれか。
    イ　X−1
    ロ　X−2
    ハ　Y−1
    ニ　Y−2

12 2成分形ウレタンゴム系塗膜防水材の塗布間隔に関する記述として、適切なものはどれか。
    イ　夏場は、プライマー塗布後、10分以内に防水材を塗布するとよい。
    ロ　冬場は、プライマー塗布後、6日後に防水材を塗布するとよい。
    ハ　夏場は、防水材塗布後、2日以内に次の防水材を塗布するとよい。
    ニ　冬場は、防水材塗布後、1時間以内に次の防水材を塗布するとよい。

[B群(多肢択一法)]

13 文中の(　)内に当てはまる語句として、適切なものはどれか。
　ウレタンゴム系塗膜防水に通気緩衝シートを使用する主な目的は、下地の(　)を拡散してふくれを低減することや、下地の動きを緩衝して防水層が破断するのを低減することである。
　　イ　溶剤ガス
　　ロ　強アルカリ
　　ハ　含有水分
　　ニ　エフロレッセンス(白華)

14 ウレタンゴム系塗膜防水層に発生したピンホールの原因として、適切でないものはどれか。
　　イ　プライマーの塗布量不足
　　ロ　防水材かくはん時の空気の巻き込み
　　ハ　補強布へのウレタンゴム系防水材の目つぶし不足
　　ニ　仕上塗料の塗り忘れ

15 ウレタンゴム系塗膜防水層の表面が変色する原因として、適切でないものはどれか。
　　イ　防水材かくはん時の空気の巻き込み
　　ロ　仕上塗料の塗り忘れ
　　ハ　防水材のかくはん不足
　　ニ　硬化剤の調合が多い

16 文中の(　)内に当てはまる語句として、適切なものはどれか。
　ウレタンゴム系塗膜防水層の(　)の補修には、立上り用のウレタンゴム系塗膜防水材を使用する。
　　イ　層間剥離
　　ロ　硬化不良
　　ハ　チョーキング
　　ニ　ピンホール

17 ウレタンゴム系塗膜防水において、完全硬化した防水層の上にやむを得ず重量物を置く場合、養生に使用する材料として、適切なものはどれか。
　　イ　ブロック
　　ロ　新聞紙
　　ハ　ゴムマット
　　ニ　鉄板

[B群(多肢択一法)]

18 文中の(　)内に当てはまる語句の組合せとして、適切なものはどれか。
ウレタンゴム系塗膜防水材の上に塗布する仕上塗料は、防水層の(①)保持と(②)を目的として使用される。

　　　　①　　　　　②
イ　美観　・・・保護
ロ　美観　・・・厚み減少防止
ハ　耐根性・・保護
ニ　耐根性・・厚み減少防止

19 ウレタンゴム系塗膜防水層の養生に関する記述として、適切でないものはどれか。
　　イ　溶接及びグラインダー掛け作業を行う場合は、その周辺の防水層を養生しなければならない。
　　ロ　はしご、脚立等を使用する場合は、防水層に局部荷重がかからないよう養生する。
　　ハ　防水層で隠れてしまう場所で、防水材のかくはんをする場合は、その箇所の養生は必要ない。
　　ニ　防水層の上を歩行して仮設資材などを運搬する場合は、防水層をシートや合板などで養生する。

20 日本建築学会建築工事標準仕様書(JASS)によれば、ウレタンゴム系塗膜防水工事において、下地の勾配として、適切なものはどれか。
　　イ　1／10 ～1／1
　　ロ　1／50 ～1／20
　　ハ　1／200～1／100
　　ニ　1／300～1／200

21 ウレタンゴム系塗膜防水材の硬化に関する記述として、適切でないものはどれか。
　　イ　1成分形の硬化速度を左右するのは、湿度である。
　　ロ　2成分形の硬化速度を左右するのは、温度である。
　　ハ　1成分形は、下地側から硬化する。
　　ニ　2成分形は、ほぼ全体が同時に硬化する。

22 ウレタンゴム系塗膜防水において、下地処理で使用されるシーリング材はどれか。
　　イ　ポリサルファイド系
　　ロ　変成シリコーン系
　　ハ　シリコーン系
　　ニ　ポリウレタン系

[B群(多肢択一法)]

23 ウレタンゴム系塗膜防水に使用する通気緩衝シートに関する記述として、適切でないものはどれか。
 イ 自着タイプの通気緩衝シートは、接着剤で張り付ける。
 ロ 通気緩衝シートの張りじまい端部は、シール材で充填する。
 ハ 穴あきタイプの通気緩衝シートは、立上り用ウレタンゴム系防水材を穴に充填して張り付ける。
 ニ 穴なしタイプの通気緩衝シートは、接着剤で張り付ける。

24 FRP防水で使用される樹脂はどれか。
 イ シリコーン系
 ロ アクリル系
 ハ エポキシ系
 ニ ポリエステル系

25 文中の( )内に当てはまる語句の組合せとして、適切なものはどれか。
シーリング工事において、動きの大きな目地である(①)は、(②)とするために、バックアップ材又はボンドブレーカーを用いる。
    ①   ②
 イ ワーキングジョイント ・・・・2面接着
 ロ ワーキングジョイント ・・・・3面接着
 ハ ノンワーキングジョイント・・2面接着
 ニ ノンワーキングジョイント・・3面接着

平成30年度 技能検定
2級 防水施工 学科試験問題
(ウレタンゴム系塗膜防水工事作業)

1. 試験時間　1時間40分
2. 問題数　50題(A群25題、B群25題)
3. 注意事項
   (1) 係員の指示があるまで、この表紙はあけないでください。
   (2) 答案用紙(真偽法と多肢択一法の併用)に検定職種名、作業名、級別、受検番号、氏名を必ず記入してください。
   (3) 係員の指示に従って、問題数を確かめてください。それらに異常がある場合は、黙って手を挙げてください。問題はA群(真偽法)とB群(多肢択一法)とに分かれています。
   (4) 試験開始の合図で始めてください。
   (5) 解答の方法(真偽法と多肢択一法の併用)は次のとおりです。
   　　イ．　A群の問題(真偽法)は、一つ一つの問題の内容が正しいか、誤っているかを判断して解答してください。
   　　ロ．　B群の問題(多肢択一法)は、正解と思うものを一つだけ選んで、解答してください。二つ以上に解答した場合は誤答となります。
   　　ハ．　答案用紙(マークシート用紙)へ解答する際は、答案用紙に記載されている注意事項に従ってください。
   　　ニ．　答案用紙の解答欄は、A群の問題とB群の問題とでは異なります。所定の解答欄に、試験問題の題数に応じて解答してください。解答欄はA群は50題まで、B群は25題まで解答できるようになっています。
   (6) 電子式卓上計算機その他これと同等の機能を有するものは、使用してはいけません。
   (7) 携帯電話等は、使用してはいけません。
   (8) 試験中、質問があるときは、黙って手を挙げてください。ただし、試験問題の内容、漢字の読み方等に関する質問にはお答えできません。
   (9) 試験終了時刻前に解答ができあがった場合は、黙って手を挙げて、係員の指示に従ってください。
   (10) 試験中に手洗いに立ちたいときは、黙って手を挙げて、係員の指示に従ってください。
   (11) 試験終了の合図があったら、筆記用具を置き、係員の指示に従ってください。

[A群(真偽法)]

1 鉄筋工事は、建築における躯体工事に含まれる。

2 レイタンスとは、硬化したコンクリートの一部に粗骨材が集まってできた空隙の多い不均質な部分のことである。

3 日本工業規格(JIS)の建築製図通則によれば、下図の材料構造表示記号は、保温吸音材を表す。

4 消防法関係法令によれば、水バケツは簡易消火用具の一つである。

5 労働安全衛生法関係法令によれば、移動はしごの幅は、20cm以上と規定されている。

6 ウレタンゴム系塗膜防水材のかくはんに使用する電動かくはん機は、回転速度ができるだけ速いものがよい。

7 ウレタンゴム系塗膜防水において、コンクリート下地の1mm程度のひび割れは、その箇所をUカットしてポリウレタン系シーリング材を充填するとよい。

8 日本建築学会建築工事標準仕様書(JASS)によれば、ウレタンゴム系塗膜防水において、入隅の下地形状は直角である。

9 ウレタンゴム系塗膜防水において、穴あきタイプの通気緩衝シートは、シートの穴の中にウレタンゴム系防水材を充填して張り付ける。

10 ウレタンゴム系塗膜防水において、不織布タイプの通気緩衝シートは、プライマーで張り付ける。

11 ウレタンゴム系塗膜防水において、プライマーの主な目的は、防水下地の凹凸を埋めて平滑にすることである。

12 ウレタンゴム系塗膜防水において、補強布相互の重ね幅は、50mm程度とするとよい。

13 ウレタンゴム系塗膜防水材を混合・かくはんする場合は、硬化剤を多く混入する方が硬化が速くなる。

14 ウレタンゴム系塗膜防水層に発生した膨れの原因として、重量物の設置がある。

15 ウレタンゴム系塗膜防水層の改修では、不具合箇所がなければ、既存防水層の表面清掃を行い、層間接着用プライマーを塗布してウレタンゴム系塗膜防水材を塗り重ねることができる。

16 ウレタンゴム系塗膜防水において、1層目に硬化不良部分があった場合は、2層目を厚塗りするとよい。

17 ウレタンゴム系塗膜防水層に発生したピンホールの原因として、プライマーの塗布量不足がある。

18 ウレタンゴム系塗膜防水に用いる養生テープとしては、マスキングテープが適している。

19 ウレタンゴム系塗膜防水において、ルーフドレン回りの養生は、防水材が乗り越えないようにするとよい。

20 下地がPCa(プレキャスト鉄筋コンクリート部材)では、部材の接合部が動きやすい。

21 ウレタンゴム系塗膜防水において、ALCパネル下地には、密着工法が適している。

22 ウレタンゴム系塗膜防水の下地の水勾配は、コンクリート打設時にとるとよい。

23 2成分形ウレタンゴム系塗膜防水材の硬化時間は、塗布厚によって変化する。

24 ウレタンゴム系塗膜防水層の仕上げ材として、骨材入りエマルション系塗料は使用することはできない。

25 シーリング工事に使用するバックアップ材は、シーリング材の目地深さを調整するとともに三面接着を防止する役割もある。

[B群(多肢択一法)]

1 文中の(　　)内に当てはまる語句として、適切なものはどれか。
　RC造は、コンクリートが主として圧縮に対して有効に働き、(　　)が主として引張りに対して有効に働く。
　　イ　鉄骨
　　ロ　鉄筋
　　ハ　木材
　　ニ　メタルラス

2 屋根に使用するALCパネルに関する記述として、適切でないものはどれか。
　　イ　壁面パネルと取合い部に双方の異なる動きが生じる。
　　ロ　降雨に濡れると乾燥しにくい。
　　ハ　継手目地部にモルタルを充填する。
　　ニ　複雑な勾配にも容易に適応できる。

3 日本工業規格(JIS)の建築製図通則によれば、下図の平面表示記号のうち、引違い戸を表すものはどれか。

　　　　イ　　　　　　ロ　　　　　　ハ　　　　　　ニ

4 建築基準法関係法令によれば、主要構造部に含まれないものはどれか。
　　イ　梁
　　ロ　階段
　　ハ　間仕切壁
　　ニ　柱

5 文中の(　　)内に当てはまる数値として、正しいものはどれか。
　労働安全衛生法関係法令によれば、事業者は、高さ又は深さが(　　)mをこえる箇所で作業を行なうときは、原則として、当該作業に従事する労働者が安全に昇降するための設備等を設けなければならない。
　　イ　1.0
　　ロ　1.5
　　ハ　2.0
　　ニ　2.5

6 ウレタンゴム系塗膜防水におけるプライマーの塗布に使用する工具として、適切でないものはどれか。
　　イ　スモールローラー
　　ロ　ウールローラー
　　ハ　スイーパー
　　ニ　毛ばけ

7 ウレタンゴム系塗膜防水材を大面積の平場に塗布する工具として、作業性の観点から適切なものはどれか。

 イ　金ごて
 ロ　ゴムごて
 ハ　ゴムべら
 ニ　スクイジー

8 防水工事を施工管理する場合において、一般に、施工計画書に記載する必要がないものはどれか。

 イ　作業員の工賃
 ロ　施工管理の体制
 ハ　工法の概要
 ニ　安全管理計画

9 文中の(　　)内に当てはまる語句として、適切なものはどれか。

公共建築工事標準仕様書によれば、ウレタンゴム系塗膜防水の種別で通気緩衝シート張りを施工するのは(　　)である。

 イ　X-1
 ロ　X-2
 ハ　Y-1
 ニ　Y-2

10 文中の(　　)内に当てはまる数値として、適切なものはどれか。

日本建築学会建築工事標準仕様書(JASS)によれば、ウレタンゴム系塗膜防水の絶縁工法における平場の脱気装置は、一般に、(　　)m²に1か所の割合で設置する。

 イ　10～25
 ロ　50～100
 ハ　150～200
 ニ　250～300

11 文中の(　　)内に当てはまる数値として、適切なものはどれか。

日本建築学会建築工事標準仕様書(JASS)によれば、ウレタンゴム系塗膜防水において、防水材を希釈する場合、使用する希釈剤の量は防水材に対し(　　)%以内とする。

 イ　5
 ロ　15
 ハ　25
 ニ　35

[B群(多肢択一法)]

12 超速硬化ウレタンゴム系吹付け工法の特徴として、適切でないものはどれか。
    イ　吹付けパターンが正常な大きさになるまでホース内の冷えた材料を捨て吹きする。
    ロ　平場での吹付けでは、吹付けガンの水平移動は2m程度とする。
    ハ　吹付けガンは、下地に対して、直角に保って吹付ける。
    ニ　2回目の吹付けは、1回目の吹付けと直交させる。

13 文中の(　　　)内に当てはまる数値として、適切なものはどれか。
日本建築学会建築工事標準仕様書(JASS)によれば、ウレタンゴム系塗膜防水材の塗継ぎの重ね幅は(　　　)mm程度とする。
    イ　30
    ロ　50
    ハ　100
    ニ　150

14 ウレタンゴム系塗膜防水材を塗布した直後に降雨があり、表面がクレーター状になった部分の補修材として、適切でないものはどれか。
    イ　2成分形ポリウレタン系シーリング材
    ロ　一般用ウレタンゴム系塗膜防水材にだれ止め材を加えたもの
    ハ　ポリマーセメントモルタル
    ニ　立上がり用ウレタンゴム系塗膜防水材

15 ウレタンゴム系塗膜防水材に混入しても、硬化不良の原因とならないものはどれか。
    イ　塗料用シンナー
    ロ　スチレンモノマー
    ハ　灯油
    ニ　ウレタンゴムチップ

16 ウレタンゴム系塗膜防水層に発生した膨れの原因として、適切でないものはどれか。
    イ　下地の湿気
    ロ　鳥害
    ハ　下地の汚れ
    ニ　プライマー塗布後の時間の空けすぎ

17 ウレタンゴム系塗膜防水材の仕上げ塗料として、適切でないものはどれか。
    イ　エポキシ系
    ロ　アクリルシリコーン系
    ハ　フッ素樹脂系
    ニ　アクリルウレタン系

18 ウレタンゴム系塗膜防水において、仕上げ塗料を塗布する目的として、適切でない
ものはどれか。
イ 意匠性
ロ 耐衝撃性
ハ 耐摩耗性
ニ 耐汚染性

19 ウレタンゴム系塗膜防水において、防水材の混合・かくはんを行う場所の養生に使
用する材料として、適切なものはどれか。
イ ビニルシート
ロ 段ボール
ハ 新聞紙
ニ 包装紙

20 下図に示す①～③の防水下地の一般的な名称の組合せとして、適切なものはどれ
か。

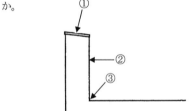

	①	②	③
イ	笠木	立上がり	出隅
ロ	入隅	出隅	笠木
ハ	笠木	立上がり	入隅
ニ	立上がり	笠木	入隅

21 ウレタンゴム系塗膜防水材の種類と用途の組合せとして、適切でないものはどれ
か。

	種類	用途
イ	超速硬化吹付け ・・	ドーム屋根
ロ	立上がり用 ・・・・	ひさし
ハ	共用 ・・・・・・・	笠木
ニ	一般用(平場用) ・・	幅木

［B群(多肢択一法)］

22　文中の(　　)内に当てはまる数値として、正しいものはどれか。
　　硬化物密度が1.2Mg／m³のウレタンゴム系塗膜防水層を3mmの厚さで施工する場合、1 m²あたりの使用量は(　　)kgである。
　　　イ　2.4
　　　ロ　3.0
　　　ハ　3.6
　　　ニ　3.9

23　ウレタンゴム系塗膜防水材の希釈剤として、一般に、使用されるものはどれか。
　　　イ　ガソリン
　　　ロ　キシレン
　　　ハ　アセトン
　　　ニ　ラッカーシンナー

24　アクリルゴム系塗膜防水の適用部位として、適切なものはどれか。
　　　イ　地下室の内壁
　　　ロ　建物の外壁
　　　ハ　駐車場の床
　　　ニ　プールの内壁

25　合成ゴム系シート防水のシート相互の重ね部に使用される定形シール材として、適切なものはどれか。
　　　イ　アクリル系
　　　ロ　ゴムアスファルト系
　　　ハ　シリコーン系
　　　ニ　ブチルゴム系

平成31年度 技能検定
1級 防水施工 学科試験問題
（ウレタンゴム系塗膜防水工事作業）

1. 試験時間　1時間40分
2. 問題数　50題(A群25題、B群25題)
3. 注意事項
（1）　係員の指示があるまで、この表紙はあけないでください。
（2）　答案用紙(真偽法と多肢択一法の併用)に検定職種名、作業名、級別、受検番号、氏名を必ず記入してください。
（3）　係員の指示に従って、問題数を確かめてください。それらに異常がある場合は、黙って手を挙げてください。問題はA群(真偽法)とB群(多肢択一法)とに分かれています。
（4）　試験開始の合図で始めてください。
（5）　解答の方法(真偽法と多肢択一法の併用)は次のとおりです。
　　　イ．　A群の問題(真偽法)は、一つ一つの問題の内容が正しいか、誤っているかを判断して解答してください。
　　　ロ．　B群の問題(多肢択一法)は、正解と思うものを一つだけ選んで、解答してください。二つ以上に解答した場合は誤答となります。
　　　ハ．　答案用紙(マークシート用紙)へ解答する際は、答案用紙に記載されている注意事項に従ってください。
　　　ニ．　答案用紙の解答欄は、A群の問題とB群の問題とでは異なります。所定の解答欄に、試験問題の題数に応じて解答してください。解答欄はA群は50題まで、B群は25題まで解答できるようになっています。
（6）　電子式卓上計算機その他これと同等の機能を有するものは、使用してはいけません。
（7）　携帯電話等は、使用してはいけません。
（8）　試験中、質問があるときは、黙って手を挙げてください。ただし、試験問題の内容、漢字の読み方等に関する質問にはお答えできません。
（9）　試験終了時刻前に解答ができあがった場合は、黙って手を挙げて、係員の指示に従ってください。
（10）　試験中に手洗いに立ちたいときは、黙って手を挙げて、係員の指示に従ってください。
（11）　試験終了の合図があったら、筆記用具を置き、係員の指示に従ってください。

[A群(真偽法)]

1 建築物の外壁に使用されるカーテンウォールは、構造耐力を負担している。

2 鉄筋コンクリート造では、主として鉄筋が圧縮力を負担し、コンクリートが引張力を負担する。

3 日本工業規格(JIS)によれば、ALCパネルでの厚形パネルの形状による区分として、一般パネルとコーナーパネルに区分される。

4 建築基準法関係法令によれば、アスファルトは、耐水材料である。

5 労働安全衛生法関係法令によれば、つり足場の作業床は、幅を40cm以上とし、かつ、すき間がないようにしなければならない。

6 ウレタンゴム系塗膜防水において、入隅部のプライマー塗布には、スイーパーを使用するとよい。

7 日本建築学会建築工事標準仕様書(JASS)によれば、ウレタンゴム系塗膜防水の下地の勾配は、1／50～1／20である。

8 ウレタンゴム系塗膜防水において、通気緩衝シートの厚みは、防水層の塗膜厚には含まない。

9 日本建築学会建築工事標準仕様書(JASS)によれば、ウレタンゴム系塗膜防水の立上りの厚さは、平均2mmである。

10 超速硬化ウレタンの吹付けは、風下から吹付けを開始して風上に移動するのがよい。

11 ウレタンゴム系塗膜防水において、穴あきの通気緩衝シート(不織布タイプ)を用いる場合は、下地に接着剤を塗布して張り付けた後、シートの穴に立上り用防水材を充填するとよい。

12 日本建築学会建築工事標準仕様書(JASS)によれば、ウレタンゴム系塗膜防水材を希釈する場合、希釈剤の量は、防水材に対し5％以内とする。

13 レイタンスのある下地にウレタンゴム系塗膜防水を施工する場合は、レイタンスの上からエポキシ樹脂系プライマーを塗布すればよい。

14 ウレタンゴム系塗膜防水において、防水層に発生したクレーター(あばた)の補修には、立上り用のウレタンゴム系塗膜防水材を使用することができる。

15 ウレタンゴム系塗膜防水において、黄変とは、防水層の経年変化により、塗膜表面に白い粉を吹く現象をいう。

16 超速硬化ウレタン吹付けにおいて、吹付け後の防水層表面のベタ付きの原因として、材料の加温不足がある。

17 ウレタンゴム系塗膜防水において、アクリルウレタン系の仕上塗料の塗布量は、一般に、0.4kg／m²程度である。

18 ウレタンゴム系塗膜防水工事の養生に使用する養生テープには、紙製のクラフトテープが適している。

19 ウレタンゴム系塗膜防水材を塗り継ぐ場合は、先に塗り付けたウレタンゴム系塗膜防水材に100mm程度塗り重ねる。

20 ALCパネル下地にウレタンゴム系塗膜防水を行う場合は、絶縁工法(通気緩衝工法)が適している。

21 現場打ち鉄筋コンクリート下地に生じるひび割れは、平面でのコンクリートの打継ぎ部などに多く発生する。

22 ウレタンゴム系塗膜防水に使用する補強布は、一般に、防水用ガラスマットである。

23 公共建築工事標準仕様書によれば、ウレタンゴム系塗膜防水で平場に通気緩衝シートを用いる工法は、X−2である。

24 日本建築学会建築工事標準仕様書(JASS)によれば、超速硬化ウレタン吹付けに用いる防水材は、平場と立上りを同一材料で施工できる。

25 塩化ビニル樹脂系シート防水材のシート相互の接合部は、接着剤で張り付けるのが一般的である。

[B群(多肢択一法)]

1 文中の(　)内に当てはまる数値として、正しいものはどれか。
　建築基準法関係法令によれば、鉄筋コンクリート造において、鉄筋に対するコンクリートのかぶり厚さは、耐力壁以外の壁又は床にあっては(　)cm以上としなければならない。
　　イ　2
　　ロ　4
　　ハ　6
　　ニ　8

2 文中の(　)内に当てはまる語句として、適切なものはどれか。
　水密コンクリートは、(　)の非常に小さいコンクリートである。
　　イ　吸音性
　　ロ　断熱性
　　ハ　透水性
　　ニ　耐水性

3 日本工業規格(JIS)の建築製図通則によれば、下図の平面表示記号が表すものはどれか。
　　イ　両開きとびら
　　ロ　シャッター
　　ハ　引違い窓
　　ニ　出入口一般

4 消防法関係法令によれば、消火設備に含まれないものはどれか。
　　イ　スプリンクラー設備
　　ロ　泡消火設備
　　ハ　水バケツ
　　ニ　防火扉設備

5 文中の(　)内に当てはまる数値として、正しいものはどれか。
　労働安全衛生法関係法令によれば、単管足場の壁つなぎ又は控えの設置間隔は、垂直方向(　)m以下、水平方向5.5m以下としなければならない。
　　イ　5
　　ロ　7
　　ハ　10
　　ニ　14

[B群(多肢択一法)]

6 ウレタンゴム系塗膜防水工事に使用する器工具に関する記述として、適切でないものはどれか。
    イ 通気緩衝シートの転圧は、転圧ローラーで行う。
    ロ 不織布タイプの通気緩衝シートを張る前に、接着剤をウールローラーで塗布する。
    ハ ウレタンゴム系塗膜防水材のかくはんは、低速のかくはん機で行う。
    ニ 平場には、ウールローラーで防水材を塗布する。

7 ウレタンゴム系塗膜防水の補強布に関する記述として、適切でないものはどれか。
    イ 下塗りのウレタンゴム系塗膜防水材は、むらなく塗布する。
    ロ 不織布タイプの補強布はない。
    ハ 入隅は、補強布を増張りする。
    ニ 張り付けた補強布にしわができた場合は、その部分を切り取り、改めて補強布を張り付ける。

8 日本建築学会建築工事標準仕様書(JASS)によれば、ウレタンゴム系塗膜防水のドレン回りの処理に使用する材料はどれか。
    イ 成型キャント材
    ロ 絶縁用テープ
    ハ ジョイントテープ
    ニ 補強布

9 文中の( )内に当てはまる数値として、適切なものはどれか。
  公共建築工事標準仕様書によれば、ウレタンゴム系塗膜防水において、出隅に使用する補強布の幅は、( )mm以上のものを用いて補強塗りを行う。
    イ 50
    ロ 70
    ハ 100
    ニ 200

10 日本建築学会建築工事標準仕様書(JASS)によれば、立上りにおける補強布と通気緩衝シートの取合いにおいて、下図の( )内に当てはまる重ね幅の寸法として、適切なものはどれか。

    イ 30
    ロ 50
    ハ 100
    ニ 150

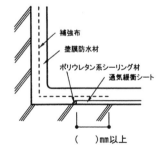

[B群(多肢択一法)]

11 文中の(   )内に当てはまる数値として、適切なものはどれか。
日本建築学会建築工事標準仕様書(JASS)によれば、ウレタンゴム系塗膜防水において、補強布の重ね幅は、(   )mm程度とする。

  イ　50
  ロ　100
  ハ　150
  ニ　200

12 ウレタンゴム系塗膜防水材の塗布間隔に関する記述として、適切なものはどれか。
  イ　夏場は、プライマー塗布後、5分以内に防水材を塗布するとよい。
  ロ　冬場は、プライマー塗布後、7日以後に防水材を塗布するとよい。
  ハ　夏場は、防水材塗布後、2日以内に次の防水材を塗布するとよい。
  ニ　冬場は、防水材塗布後、3時間以内に次の防水材を塗布するとよい。

13 ウレタンゴム系塗膜防水層に発生したピンホールを充填する材料として、適切でないものはどれか。
  イ　立上り用のウレタンゴム系塗膜防水材
  ロ　一般用のウレタンゴム系塗膜防水材
  ハ　ポリウレタン系シーリング材
  ニ　共用のウレタンゴム系塗膜防水材にだれ止めを入れた材料

14 ウレタンゴム系塗膜防水層のふくれの原因として、適切でないものはどれか。
  イ　プライマーの塗布量が不足した。
  ロ　通気緩衝シートの下地への転圧が不足した。
  ハ　防水材の硬化後に降雨があった。
  ニ　下地コンクリートの乾燥が不十分なときに、防水材を塗布した。

15 ウレタンゴム系塗膜防水層の故障と原因の組合せとして、適切でないものはどれか。
      故障　　　　　　　　　　原因
  イ　ふくれ・・・・・・・・・油脂・汚れの除去不十分
  ロ　ピンホール・・・・・・下地凹みの目止め不良
  ハ　クレーター(あばた)・・硬化前の降雨
  ニ　硬化不良・・・・・・・仕上塗料の塗布量不足

16 ウレタンゴム系塗膜防水における仕上塗料の塗布について、適切でないものはどれか。
　　イ　塗り付けたウレタンゴム系塗膜防水材が硬化していることを確認した後、塗布する。
　　ロ　仕上塗料の硬化剤は、混合する前に十分にかくはんする。
　　ハ　仕上塗料をウールローラーなどを用いて、塗りむらができないよう塗布する。
　　ニ　仕上塗料は、平場 → 立上り → 役物の順で塗布する。

17 ウレタンゴム系塗膜防水において、施工中の硬化した防水層の上に防水材を仮置きする場合、その養生に使用する材料として、適切なものはどれか。
　　イ　ダンボール
　　ロ　ビニールシート
　　ハ　鉄板
　　ニ　合板

18 ウレタンゴム系塗膜防水を下記の条件で施工する場合に必要な防水材のセット数はどれか。
　　条件　厚み：3mm　　面積：150m²
　　　　　防水材の硬化物密度：1.2Mg／m³　　荷姿：20kg／セット

　　イ　19セット
　　ロ　23セット
　　ハ　27セット
　　ニ　54セット

19 文中の(　　)内に当てはまる数値として、適切なものはどれか。
日本建築学会建築工事標準仕様書(JASS)によれば、ウレタンゴム系塗膜防水(密着工法)において、プライマーの塗布量は、(　　)kg／m²である。
　　イ　0.2
　　ロ　0.4
　　ハ　0.6
　　ニ　0.8

20 日本建築学会建築工事標準仕様書(JASS)によれば、ウレタンゴム系塗膜防水の適用部位として、当てはまらないものはどれか。
　　イ　屋根
　　ロ　ひさし
　　ハ　ベランダ
　　ニ　地下外壁外部側

[B群(多肢択一法)]

21 日本建築学会建築工事標準仕様書(JASS)によれば、ウレタンゴム系塗膜防水下地の入隅の形状として、適切なものはどれか。
　　イ　直角
　　ロ　10mm程度の面取り
　　ハ　30mm程度の面取り
　　ニ　50mm程度の面取り

22 日本工業規格(JIS)によれば、ウレタンゴム系塗膜防水材の性能と単位の組合せとして、誤っているものはどれか。
　　　　　性能　　　　　単位
　　イ　引裂強さ　・・　N／mm
　　ロ　引張強さ　・・　cal
　　ハ　固形分　・・・　%
　　ニ　たれ長さ　・・　mm

23 文中の(　　)内に当てはまる語句の組合せとして、適切なものはどれか。
　　ウレタンゴム系塗膜防水において、1成分形ウレタンゴム系塗膜防水材の特徴は、(①)硬化することであり、その硬化速度を左右するものは(②)である。
　　　　　　　　①　　　　　　　　　②
　　イ　表面から・・・・・・湿度
　　ロ　表面から・・・・・・温度
　　ハ　ほぼ全体が同時に・・湿度
　　ニ　ほぼ全体が同時に・・温度

24 合成ゴム系シート防水(接着工法)で、下地とシートに用いる接着剤として、適切なものはどれか。
　　イ　シリコーンゴム系
　　ロ　アクリルゴム系
　　ハ　クロロプレンゴム系
　　ニ　ウレタンゴム系

25 シーリング工事において、マスキングテープ張りの施工順序として、最も適切なものはどれか。
　　イ　プライマー塗布の前
　　ロ　シーリング材充填の前
　　ハ　バックアップ材装填の前
　　ニ　へら仕上げの前

平成 30 年度 技能検定
1 級 防水施工 学科試験問題
（ウレタンゴム系塗膜防水工事作業）

1. 試験時間　　1 時間 40 分
2. 問題数　　50 題(A 群 25 題、B 群 25 題)
3. 注意事項
   （1）　係員の指示があるまで、この表紙はあけないでください。
   （2）　答案用紙(真偽法と多肢択一法の併用)に検定職種名、作業名、級別、受検番号、氏名を必ず記入してください。
   （3）　係員の指示に従って、問題数を確かめてください。それらに異常がある場合は、黙って手を挙げてください。問題は A 群(真偽法)と B 群(多肢択一法)とに分かれています。
   （4）　試験開始の合図で始めてください。
   （5）　解答の方法(真偽法と多肢択一法の併用)は次のとおりです。
   　　　イ．　A 群の問題(真偽法)は、一つ一つの問題の内容が正しいか、誤っているかを判断して解答してください。
   　　　ロ．　B 群の問題(多肢択一法)は、正解と思うものを一つだけ選んで、解答してください。二つ以上に解答した場合は誤答となります。
   　　　ハ．　答案用紙(マークシート用紙)へ解答する際は、答案用紙に記載されている注意事項に従ってください。
   　　　ニ．　答案用紙の解答欄は、A群の問題とB群の問題とでは異なります。所定の解答欄に、試験問題の題数に応じて解答してください。解答欄は A 群は 50 題まで、B 群は 25 題まで解答できるようになっています。
   （6）　電子式卓上計算機その他これと同等の機能を有するものは、使用してはいけません。
   （7）　携帯電話等は、使用してはいけません。
   （8）　試験中、質問があるときは、黙って手を挙げてください。ただし、試験問題の内容、漢字の読み方等に関する質問にはお答えできません。
   （9）　試験終了時刻前に解答ができあがった場合は、黙って手を挙げて、係員の指示に従ってください。
   （10）　試験中に手洗いに立ちたいときは、黙って手を挙げて、係員の指示に従ってください。
   （11）　試験終了の合図があったら、筆記用具を置き、係員の指示に従ってください。

[A群(真偽法)]

1 木構造の筋かいは、地震、風圧等の水平力に抵抗させるために取り付けられる。

2 下図の屋根の形状は、切妻である。

3 ALCパネルには、厚形パネルと薄形パネルがある。

4 建築基準法関係法令によれば、劇場は特殊建築物である。

5 労働安全衛生法関係法令によれば、移動はしごの幅は25cm以上としなければならない。

6 ウレタンゴム系塗膜防水において、立上がり面に立上がり用のウレタンゴム系塗膜防水材を塗布する工具としては、ゴムベラが適している。

7 ウレタンゴム系塗膜防水の絶縁工法(通気緩衝工法)において、平場の脱気装置は、200m²ごとに1か所設置する。

8 ウレタンゴム系塗膜防水において、通気緩衝シート相互の接合は、一般に、重ね張りである。

9 公共建築工事標準仕様書によれば、平場にウレタンゴム系塗膜防水の補強布を使用する工法の種別は、X−2である。

10 ウレタンゴム系塗膜防水の絶縁工法(通気緩衝工法)において、穴あきタイプの通気緩衝シートは、プライマーで張り付ける。

11 2成分形ウレタンゴム系塗膜防水材は、目分量により小分けして、かくはんしてもよい。

12 公共建築工事標準仕様書によれば、ウレタンゴム系塗膜防水の塗継ぎの重ね幅は、50mm程度とする。

13 超速硬化ウレタンゴム系吹付け工法において、2回目の吹付けは、1回目の吹付けに直交する方向で吹き付ける。

14 ウレタンゴム系塗膜防水材に硬化不良が生じた場合は、十分にかくはんした同じ材料をその上に塗布するとよい。

15 ウレタンゴム系塗膜防水層に生じたピンホールは、次工程の前にポリマーセメントペーストで目つぶしするとよい。

16 ウレタンゴム系塗膜防水層に発生した黄変の原因として、1回あたりの防水材の塗布量不足がある。

17 日本建築学会建築工事標準仕様書(JASS)によれば、ウレタンゴム系塗膜防水において、立上がりの仕上げ塗料は、平場と同一の材料とするとされている。

18 ウレタンゴム系塗膜防水工事の養生に使用する養生テープには、布粘着テープが適している。

19 防水工事に使用するドレンは、コンクリート打設前に型枠に固定し、コンクリートに打ち込むことを原則とする。

20 デッキプレート上に打設したコンクリートは、同じ条件で合板型枠に打設したコンクリートよりも乾燥しやすい。

21 ALCパネル下地の接合部は、経年により、パネル目地に目違いが生じることがある。

22 ウレタンゴム系塗膜防水において、通気緩衝シートは、下地のひび割れの応力を緩和する。

23 ウレタンゴム系塗膜防水層の補強布には、ポリエステル繊維の不織布を使用することがある。

24 日本建築学会建築工事標準仕様書(JASS)によれば、ウレタンゴム系高強度形塗膜防水工法では、超速硬化吹付けタイプの防水材が使用される。

25 エチレン酢酸ビニル樹脂系シート防水は、下地の乾燥状態に影響されることなく施工することができる。

［B群(多肢択一法)］

1 下図の建築物の階段において、蹴込み板を表すものはどれか。

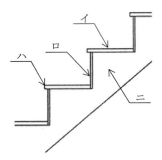

2 文中の(　　)内に当てはまる数値として、正しいものはどれか。
日本工業規格(JIS)によれば、レディーミクストコンクリートの運搬時間は、生産者が練混ぜを開始してから運搬車が荷卸し地点に到着する時間とし、その時間は(　　)時間以内とする。
　　イ　1
　　ロ　1.5
　　ハ　2
　　ニ　2.5

3 日本工業規格(JIS)の建築製図通則によれば、下図の材料構造表示記号が表すものとして、正しいものはどれか。
　　イ　軽量壁一般
　　ロ　普通ブロック壁
　　ハ　軽量ブロック壁
　　ニ　コンクリート及び鉄筋コンクリート

4 文中の(　　)内に当てはまる語句として、正しいものはどれか。
建築基準法関係法令によれば、耐火構造建築物の屋根は、(　　)以上の耐火性能を有しなければならない。
　　イ　30分間
　　ロ　1時間
　　ハ　2時間
　　ニ　3時間

5 文中の(　)内に当てはまる数値として、正しいものはどれか。
　労働安全衛生法関係法令によれば、脚立は、脚と水平面との角度を(　)度以下とする。

　　イ　30
　　ロ　45
　　ハ　60
　　ニ　75

6 超速硬化ウレタンゴム系吹付け工法において、主剤と硬化剤が混合される場所はどこか。
　　イ　圧送機の吸込み口
　　ロ　圧送機と吹付けガンの間のホース
　　ハ　吹付けガン
　　ニ　圧送機内部

7 ウレタンゴム系塗膜防水の補強布を張付ける部位として、適切でないものはどれか。
　　イ　出隅
　　ロ　貫通配管回り
　　ハ　ALCパネルの目地
　　ニ　ドレン回り

8 ウレタンゴム系塗膜防水に使用する仕上げ塗料の目的として、適切でないものはどれか。
　　イ　ウレタンゴム系塗膜防水層を紫外線劣化から守る。
　　ロ　下地に発生したひび割れ追従性を向上させる。
　　ハ　ウレタンゴム系塗膜防水層の黄変を防止する。
　　ニ　表面の耐摩耗性を向上させる。

9 日本建築学会建築工事標準仕様書(JASS)によれば、ウレタンゴム系塗膜防水の通気緩衝シートの材質として、適切でないものはどれか。
　　イ　改質アスファルト
　　ロ　プラスチック発泡体
　　ハ　不織布
　　ニ　ガラスマット

10 文中の(　)内に当てはまる数値として、適切なものはどれか。
　　ウレタンゴム系塗膜防水において、補強布の重ね幅は(　)mm程度である。

　　イ　50
　　ロ　100
　　ハ　150
　　ニ　200

[B群(多肢択一法)]

11 1成分形ウレタンゴム系塗膜防水材の硬化速度に、最も影響するものはどれか。
    イ　湿度
    ロ　風
    ハ　気温
    ニ　気圧

12 文中の(　)内に当てはまる数値として、適切なものはどれか。
日本建築学会建築工事標準仕様書(JASS)によれば、ウレタンゴム系防水材を希釈する場合、希釈剤の量は防水材に対し(　)%以内とする。
    イ　2
    ロ　5
    ハ　8
    ニ　10

13 ウレタンゴム系塗膜防水層に発生した硬化不良の原因となるものはどれか。
    イ　防水材かくはん時の空気の抱き込み
    ロ　アルコールで希釈
    ハ　プライマーの塗布不足
    ニ　下地凹凸部の未処理

14 文中の(　)内に当てはまる語句として、適切なものはどれか。
ウレタンゴム系塗膜防水層の塗り重ねの間隔が空いた場合、下塗りのウレタンゴム系塗膜防水層への(　)が有効である。
    イ　ポリマーセメント塗り
    ロ　層間プライマー塗り
    ハ　ゴムチップ撒き
    ニ　水洗い

15 ウレタンゴム系塗膜防水における端末部の見切り養生を行う時期として、適切なものはどれか。
    イ　下地の清掃後で、プライマーの塗布前
    ロ　プライマーの塗布後で、補強布の張付け前
    ハ　補強布の張付け後で、ウレタンゴム系塗膜防水材の塗布前
    ニ　ウレタンゴム系塗膜防水材の硬化後で、仕上げ塗料の塗布前

16 日本建築学会建築工事標準仕様書(JASS)によれば、ウレタンゴム系塗膜防水工法における部位と防水材の種類の組合せとして、適切でないものはどれか。

        部位   防水材の種類
   イ 立上がり ・・ 一般用
   ロ 立上がり ・・ 共用
   ハ 平場 ・・・・ 一般用
   ニ 平場 ・・・・ 共用

17 文中の(　　　)内に当てはまる数値の組合せとして、適切なものはどれか。
   ウレタンゴム系塗膜防水で、平場3mm、立上がり2mmの塗膜厚さを確保する場合、硬化物密度1.3Mg／m³の材料を使用すると、平場は(①)kg／m²、立上がりは(②)kg／m²で使用量を積算すればよい。

        ①   ②
   イ 3.0   2.0
   ロ 3.0   2.6
   ハ 3.6   2.0
   ニ 3.9   2.6

18 日本建築学会建築工事標準仕様書(JASS)によれば、ウレタンゴム系塗膜防水で下地がRC(現場打ち鉄筋コンクリート)の場合、勾配として適切なものはどれか。
   イ 1／200～1／150
   ロ 1／150～1／100
   ハ 1／100～1／50
   ニ 1／50～1／20

19 ウレタンゴム系塗膜防水において、下地の動きが最も大きいものはどれか。
   イ 鉄筋コンクリート下地の打継ぎ部
   ロ デッキプレートに打設したコンクリートのデッキプレートジョイント部
   ハ 鉄骨造のALCパネルのジョイント部
   ニ 鉄筋コンクリート下地の乾燥収縮によるひび割れ部

20 日本建築学会建築工事標準仕様書(JASS)によれば、ウレタンゴム系塗膜防水下地の出隅の形状として、適切なものはどれか。
   イ 直角
   ロ 3～5mm程度の面取り
   ハ 30mm程度の面取り
   ニ 50mm程度の面取り

[B群(多肢択一法)]

21 日本工業規格(JIS)によれば、ウレタンゴム系塗膜防水材の一般用の性能項目として、適用されていないものはどれか。
 イ　引張強さ
 ロ　破断時の伸び率
 ハ　抗張積
 ニ　たれ抵抗性能

22 日本建築学会建築工事標準仕様書(JASS)によれば、ウレタンゴム系塗膜防水の適用部位として、適切でないものはどれか。
 イ　浴室
 ロ　ひさし
 ハ　ベランダ
 ニ　陸屋根

23 塩化ビニル樹脂系シート防水材を、立上がり部に張り付ける場合、使用する接着剤はどれか。
 イ　ブチルゴム系
 ロ　シリコーンゴム系
 ハ　ニトリルゴム系
 ニ　クロロプレンゴム系

24 日本工業規格(JIS)の建築用塗膜防水材に規定されていない防水材料はどれか。
 イ　アクリルゴム系
 ロ　ウレタンゴム系
 ハ　ゴムアスファルト系
 ニ　ポリエステル樹脂系

平成 31 年度 技能検定
2 級 防水施工 学科試験問題
（シーリング防水工事作業）

1. 試験時間　　1 時間 40 分
2. 問題数　　　50 題(A 群 25 題、B 群 25 題)
3. 注意事項
   （1）　係員の指示があるまで、この表紙はあけないでください。
   （2）　答案用紙(真偽法と多肢択一法の併用)に検定職種名、作業名、級別、受検番号、氏名を必ず記入してください。
   （3）　係員の指示に従って、問題数を確かめてください。それらに異常がある場合は、黙って手を挙げてください。問題は A 群(真偽法)と B 群(多肢択一法)とに分かれています。
   （4）　試験開始の合図で始めてください。
   （5）　解答の方法(真偽法と多肢択一法の併用)は次のとおりです。
   　　　イ．　A 群の問題(真偽法)は、一つ一つの問題の内容が正しいか、誤っているかを判断して解答してください。
   　　　ロ．　B 群の問題(多肢択一法)は、正解と思うものを一つだけ選んで、解答してください。二つ以上に解答した場合は誤答となります。
   　　　ハ．　答案用紙(マークシート用紙)へ解答する際は、答案用紙に記載されている注意事項に従ってください。
   　　　ニ．　答案用紙の解答欄は、A 群の問題と B 群の問題とでは異なります。所定の解答欄に、試験問題の題数に応じて解答してください。解答欄は A 群は 50 題まで、B 群は 25 題まで解答できるようになっています。
   （6）　電子式卓上計算機その他これと同等の機能を有するものは、使用してはいけません。
   （7）　携帯電話等は、使用してはいけません。
   （8）　試験中、質問があるときは、黙って手を挙げてください。ただし、試験問題の内容、漢字の読み方等に関する質問にはお答えできません。
   （9）　試験終了時刻前に解答ができあがった場合は、黙って手を挙げて、係員の指示に従ってください。
   （10）　試験中に手洗いに立ちたいときは、黙って手を挙げて、係員の指示に従ってください。
   （11）　試験終了の合図があったら、筆記用具を置き、係員の指示に従ってください。

[A群(真偽法)]

1 単管足場とは、鋼管を工事現場において緊結金具(クランプ等)を用いて組み立てる建込み足場のことである。

2 レディーミクストコンクリートとは、コンクリート製造工場から固まっていない状態で、工事現場に配送されるコンクリートのことをいう。

3 日本工業規格(JIS)の建築製図通則によれば、下図は、軽量壁一般を表す材料構造表示記号である。

4 建築基準法関係法令によれば、階段は、主要構造部に含まれている。

5 労働安全衛生法関係法令によれば、つり足場の上で、脚立を使用して作業してもよい。

6 バックアップ材を装填する場合は、先のとがった金べら等を使用する。

7 プライマー塗布用はけは、目地幅より少し小さめのものがよい。

8 マスキングテープ張りは、プライマーを塗布した後に行うとよい。

9 異種シーリング材の打継ぎは、目地の交差部で行う。

10 シーリング材の充填は、空気が入らないように目地底部より打設する。

11 目地底のある目地で、のり付きバックアップ材を選定する場合は、目地幅に対し1～2mm程度小さめのものを選定する。

12 長期間保存して粘度が高くなったプライマーは、溶剤で薄めてから使用してもよい。

13 SSG構法には、構造シーラントの接着でガラスを支持する辺数により、1～4辺SSG構法がある。

14 シーリング工事において、高温多湿の環境下での作業では、ポリウレタン系シーリング材は、発泡のおそれがある。

15 シリコーン系シーリング材は、ポリウレタン系シーリング材よりも紫外線によって劣化しやすい。

16 シーリング目地の不具合とは、防水性や意匠性を失うことをいう。

17 シーリング材の凝集破壊とは、シーリング材が被着面からはく離した状態をいう。

18 コンクリート下地は、水分の乾燥状態に注意しないと、シーリング材の接着性に悪影響を与えるおそれがある。

19 窯業系サイディング外壁では、シーリングジョイントは、シングルシール構法しか採用できない。

20 ALCパネルのシーリング工事では、シーリング材の発生応力がALCパネルの表面強度よりも小さいシーリング材を使用するとよい。

21 1成分形シリコーン系シーリング材は、空気中の酸素と反応して硬化する。

22 シーリング材のモジュラスとは、所定の伸びを与えたときの引張応力のことをいう。

23 シリコーン系シーリング材を施工する場合のボンドブレーカーには、マスキングテープが適している。

24 改質アスファルトシート防水(トーチ工法)に使用される絶縁用シートには、フラットヤーンクロス又はポリエチレンシートが使用される。

25 エチレン酢酸ビニル樹脂系シート防水には、機械的固定工法がある。

[B群(多肢択一法)]

1 下図の屋根の形状の名称として、適切なものはどれか。
イ 方形
ロ 寄棟
ハ 片流れ
ニ 入母屋

2 モルタルの構成材料として、適切でないものはどれか。
イ セメント
ロ 砂(細骨材)
ハ 砂利(粗骨材)
ニ 水

3 日本工業規格(JIS)の建築製図通則によれば、下図の材料構造表示記号が表すものとして、正しいものはどれか。
イ 割栗
ロ 石材
ハ タイル
ニ 地盤

4 建築基準法関係法令によれば、耐水材料でないものはどれか。
イ コンクリート
ロ アスファルト
ハ 石
ニ せっこうボード

5 文中の(　)内に当てはまる数値として、正しいものはどれか。
労働安全衛生法関係法令によれば、脚立は、脚と水平面との角度を(　)度以下とし、かつ、折りたたみ式のものにあっては、脚と水平面との角度を確実に保つための金具等を備えることと規定されている。
イ 55
ロ 65
ハ 75
ニ 85

6 文中の(   )内に当てはまる数値の組合せとして、適切なものはどれか。
　日本建築学会建築工事標準仕様書(JASS)によれば、シーリング材の練混ぜ機械として減圧脱泡装置付きドラム回転式(反転式)を使用する場合、練混ぜ時間は、(①)分以上〜(②)分以内とする。
　　　　　　　①　　　　　②
　　イ　　 3 ・・ 5
　　ロ　　 5 ・・ 10
　　ハ　　10 ・・ 15
　　ニ　　20 ・・ 25

7 シーリング防水工事の段取りに関する記述として、適切なものはどれか。
　　イ　マスキングテープには、ガムテープが適している。
　　ロ　シーリング材の練混ぜには、ハンドドリル式練混ぜ機械は使用しない。
　　ハ　現場シールと工場シールの区分は行わない。
　　ニ　使用材料は、直射日光の当たる場所で保管する。

8 シーリング材の目地幅に関する記述として、適切でないものはどれか。
　　イ　シーリング材の設計伸縮率が大きいほど広くなる。
　　ロ　ジョイントムーブメントが大きいほど広くなる。
　　ハ　目地幅の施工誤差が大きいほど広くなる。
　　ニ　シーリング材の耐久性、施工性、経済性などを考慮して定める。

9 一般目地にバックアップ材(のりなし)を装填するとき、留意しなくてもよい項目はどれか。
　　イ　ねじれ
　　ロ　段差
　　ハ　装填位置
　　ニ　裏表

10 シーリング防水におけるプライマー塗布に関する記述として、適切でないものはどれか。
　　イ　プライマーは、別の容器に小分けして塗布する。
　　ロ　プライマーは、指定以外のものを使用してもよい。
　　ハ　プライマーの塗布後、シーリング材の充填が翌日に持ち越された場合は、プライマーの再塗布を行う。
　　ニ　降雨、降雪などで工事を中止した場合は、再清掃の上、プライマーを再塗布する。

［B群(多肢択一法)］

11 日本建築学会建築工事標準仕様書(JASS)によれば、ワーキングジョイントにおける
 シーリング材と設計目地幅の最大許容範囲の組合せとして、適切でないものはどれ
 か。
　　　　　シーリング材　　　　最大許容範囲
　イ　アクリルウレタン系 ・・ 40mm
　ロ　変成シリコーン系 ・・・ 40mm
　ハ　ポリウレタン系 ・・・・ 40mm
　ニ　アクリル系 ・・・・・・ 40mm

12 下図のシーリング目地の劣化状態のうち、被着体の破壊を示す図はどれか。

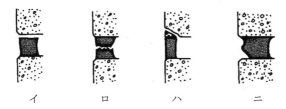

　　　　イ　　　　　ロ　　　　　ハ　　　　　ニ

13 シーリング防水工事後、初期に接着破壊が発生した場合の原因として、当てはまら
 ないものはどれか。
　　イ　プライマーの選定ミス
　　ロ　プライマーの施工不良
　　ハ　被着面の状態不良
　　ニ　被着体表面の脆弱層の破壊

14 シーリング防水施工後の状況に関する記述として、適切なものはどれか。
　　イ　1成分形ポリウレタン系シーリング材を施工後、水を散布して養生した。
　　ロ　1成分形シリコーン系シーリング材は、施工後、硬化が速いので養生しなくて
　　　　もよい。
　　ハ　アクリル系シーリング材は、施工直後に雨が降っても流れることはない。
　　ニ　シーリング防水工事の直後は、外力を与えないように注意する。

15 シーリング工事の養生及び保護材料として、一般に、使用されないものはどれか。
　　イ　フィルム
　　ロ　シート
　　ハ　合板
　　ニ　ボンドブレーカー

16 ワーキングジョイントでない目地はどれか。
　　イ　PCa(プレキャスト鉄筋コンクリート部材)笠木間目地
　　ロ　鉄筋コンクリート造(RC造)の打継ぎ目地
　　ハ　窯業系サイディングのパネル間目地
　　ニ　ガラス回り目地

17 ガラス回り目地の特徴として、適切でないものはどれか。
　　イ　紫外線の影響を受けにくい。
　　ロ　風圧・地震によるムーブメントがある。
　　ハ　ガラスのかかり代、バックアップ材の納まり位置、シーリング材の仕上げ方法に注意する。
　　ニ　サッシ枠の形状によっては、目地の納まりが複雑となる場合がある。

18 シーリング防水における被着体の種類とその被着体にかかる接着阻害因子の組合せとして、適切でないものはどれか。
　　　　　　　被着体　　　　　　接着阻害因子
　　イ　コンクリート・・塵埃、のろ
　　ロ　ステンレス・・・油分、粘着剤
　　ハ　ALC・・・・・脆弱層、水分
　　ニ　ガラス・・・・・はく離剤、脆弱層

19 次の2成分形シーリング材のうち、薄層未硬化現象が発生するおそれがあるものはどれか。
　　イ　変成シリコーン系
　　ロ　シリコーン系
　　ハ　ポリサルファイド系
　　ニ　ポリウレタン系

20 日本工業規格(JIS)によれば、シーリング材の主成分の区分と記号との組合せとして、正しいものはどれか。
　　　　　主成分の区分　　　　記号
　　イ　シリコーン系・・・・・MS
　　ロ　ポリサルファイド系・・PS
　　ハ　変成シリコーン系・・・SR
　　ニ　アクリルウレタン系・・AC

21 2成分形シーリング材の性質に関する記述として、適切なものはどれか。
　　イ　シリコーン系は、耐熱性に優れている。
　　ロ　変成シリコーン系は、ガラスとの接着性がよい。
　　ハ　ポリサルファイド系は、環境温度による可使時間の差が小さい。
　　ニ　ポリウレタン系は、耐光接着性に優れている。

[B群(多肢択一法)]

22 シーリング工事で使用するボンドブレーカーとして、最も適切なものはどれか。
    イ　マスキングテープ
    ロ　ビニルテープ
    ハ　紙テープ
    ニ　ポリエチレンテープ

23 文中の(　　)内に当てはまる語句として、適切なものはどれか。
プライマーは、(　　)を充分濡らし、その後ゲル又は固体の状態に固化しなければならない。
    イ　被着体
    ロ　シーリング材
    ハ　バックアップ材
    ニ　マスキングテープ

24 シート防水工法で、一般に、シート相互の接合を熱風溶接機で融着する材料はどれか。
    イ　エチレン酢酸ビニル樹脂系シート
    ロ　塩化ビニル樹脂系シート
    ハ　加硫ゴム系シート
    ニ　非加硫ゴム系シート

25 セメント系防水の補助材料として、使用されないものはどれか。
    イ　保護緩衝材
    ロ　充填材
    ハ　テープ状シール材
    ニ　急結止水材

平成 30 年度 技能検定
2 級 防水施工 学科試験問題
（シーリング防水工事作業）

1. 試験時間　　1 時間 40 分
2. 問題数　　　50 題(A 群 25 題、B 群 25 題)
3. 注意事項
    （1）　係員の指示があるまで、この表紙はあけないでください。
    （2）　答案用紙(真偽法と多肢択一法の併用)に検定職種名、作業名、級別、受検番号、氏名を必ず記入してください。
    （3）　係員の指示に従って、問題数を確かめてください。それらに異常がある場合は、黙って手を挙げてください。問題は A 群(真偽法)と B 群(多肢択一法)とに分かれています。
    （4）　試験開始の合図で始めてください。
    （5）　解答の方法(真偽法と多肢択一法の併用)は次のとおりです。
        イ．　A 群の問題(真偽法)は、一つ一つの問題の内容が正しいか、誤っているかを判断して解答してください。
        ロ．　B 群の問題(多肢択一法)は、正解と思うものを一つだけ選んで、解答してください。二つ以上に解答した場合は誤答となります。
        ハ．　答案用紙(マークシート用紙)へ解答する際は、答案用紙に記載されている注意事項に従ってください。
        ニ．　答案用紙の解答欄は、A 群の問題と B 群の問題とでは異なります。所定の解答欄に、試験問題の題数に応じて解答してください。解答欄は A 群は 50 題まで、B 群は 25 題まで解答できるようになっています。
    （6）　電子式卓上計算機その他これと同等の機能を有するものは、使用してはいけません。
    （7）　携帯電話等は、使用してはいけません。
    （8）　試験中、質問があるときは、黙って手を挙げてください。ただし、試験問題の内容、漢字の読み方等に関する質問にはお答えできません。
    （9）　試験終了時刻前に解答ができあがった場合は、黙って手を挙げて、係員の指示に従ってください。
    （10）　試験中に手洗いに立ちたいときは、黙って手を挙げて、係員の指示に従ってください。
    （11）　試験終了の合図があったら、筆記用具を置き、係員の指示に従ってください。

[A群(真偽法)]

1 鉄筋工事は、建築における躯体工事に含まれる。

2 レイタンスとは、硬化したコンクリートの一部に粗骨材が集まってできた空隙の多い不均質な部分のことである。

3 日本工業規格(JIS)の建築製図通則によれば、下図の材料構造表示記号は、保温吸音材を表す。

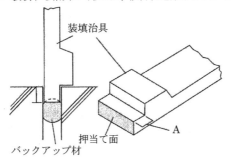

4 消防法関係法令によれば、水バケツは簡易消火用具の一つである。

5 労働安全衛生法関係法令によれば、移動はしごの幅は、20cm以上と規定されている。

6 日本建築学会建築工事標準仕様書(JASS)によれば、下図に示すバックアップ材を目地部へ装填する治具の寸法Aは、設計目地深さより2～3mm大きくするのがよい。

7 劣化しているシーリング材を除去する場合は、カッターナイフ又は電動式シーリングカッターを用いるとよい。

8 シーリング防水の段取りでは、施工期間中の天候状態を十分に把握しておくことが重要である。

9 マスキングテープは、シーリング目地の両側の線をきれいに仕上げるために使用する。

10 マスキングテープの除去は、シーリング材の充填、仕上げの後、直ちに行う。

11 2成分形シーリング材の混練は、一般に、3分間程度行うとよい。

12 ボンドブレーカーの張り付け後に降雨があった場合でも、その表面が乾燥していれば、そのままシーリング工事を行うことができる。

13 シーリング防水の施工では、1回でへら仕上げをするとよい。

14 金属製笠木の目地部分をブリッジ工法で補修するシーリング材の厚さは、10mmとするとよい。

15 パネル間目地のシーリング材が破断した場合は、破断部分に同種のシーリング材を打設するとよい。

16 シーリング材の切取り補修を同じ材質のシーリング材で行う場合は、プライマーを塗布する必要はない。

17 ポリウレタン系シーリング材は、施工時の湿度が高いと発泡現象を生じることがある。

18 ノンワーキングジョイントでは、シーリング材を目地底にも接着させる3面接着にするとよい。

19 プレキャストコンクリートカーテンウォールのパネル間目地の温度によるムーブメントは、同じ大きさのアルミニウム製カーテンウォールよりも大きい。

20 ALCパネルのシーリング施工では、シーリング材は高モジュラスのものを選定するとよい。

21 1成分形ポリウレタン系シーリング材は、空気中の水分と反応して硬化する。

22 アクリル系シーリング材は、硬化すると体積収縮が大きい。

23 アクリル系シーリング材の目地幅の最大値は、40mmである。

24 アスファルト防水、シート防水及び塗膜防水は、いずれもメンブレン防水工法である。

25 FRP防水で使用される硬化剤は、一般に、赤色に着色されている。

[B群(多肢択一法)]

1 文中の(　　)内に当てはまる語句として、適切なものはどれか。
　RC造は、コンクリートが主として圧縮に対して有効に働き、(　　)が主として引張りに対して有効に働く。
　　イ　鉄骨
　　ロ　鉄筋
　　ハ　木材
　　ニ　メタルラス

2 屋根に使用するALCパネルに関する記述として、適切でないものはどれか。
　　イ　壁面パネルと取合い部に双方の異なる動きが生じる。
　　ロ　降雨に濡れると乾燥しにくい。
　　ハ　継手目地部にモルタルを充填する。
　　ニ　複雑な勾配にも容易に適応できる。

3 日本工業規格(JIS)の建築製図通則によれば、下図の平面表示記号のうち、引違い戸を表すものはどれか。

　　　　イ　　　　　　　ロ　　　　　　　ハ　　　　　　　ニ

4 建築基準法関係法令によれば、主要構造部に含まれないものはどれか。
　　イ　梁
　　ロ　階段
　　ハ　間仕切壁
　　ニ　柱

5 文中の(　　)内に当てはまる数値として、正しいものはどれか。
　労働安全衛生法関係法令によれば、事業者は、高さ又は深さが(　　)mをこえる箇所で作業を行なうときは、原則として、当該作業に従事する労働者が安全に昇降するための設備等を設けなければならない。
　　イ　1.0
　　ロ　1.5
　　ハ　2.0
　　ニ　2.5

6 シーリング材の接着を阻害する原因とそれを取り除く器工具等の組合せとして、適切でないものはどれか。

	接着を阻害する原因	器工具等
イ	金属板の油・・・・・・・・・・・・・	有機溶剤
ロ	ふっ素樹脂塗装・・・・・・・・・・・	ナイロン研磨布
ハ	プレキャストコンクリートの脆弱層・・	ワイヤーブラシ
ニ	プレキャストコンクリートの剥離剤・・	乾いた布

7 文中の( )内に当てはまる語句の組合せとして、適切なものはどれか。
公共建築工事標準仕様書(建築工事編)によれば、バックアップ材は、使用箇所に適した形状で、裏面に接着剤のついているものは、目地幅より1mm程度(①)もの、接着剤のついてないものは、目地幅より2mm程度(②)ものとする。

	①	②
イ	大きい ・・	小さい
ロ	大きい ・・	大きい
ハ	小さい ・・	小さい
ニ	小さい ・・	大きい

8 シーリング材の打継ぎの組合せとして、適切でないものはどれか。

	先打ち	後打ち
イ	シリコーン系・・・・・	変成シリコーン系
ロ	アクリル系・・・・・・	ポリウレタン系
ハ	ポリウレタン系・・・・	ポリサルファイド系
ニ	ポリサルファイド系・・	変成シリコーン系

9 シーリング工事におけるプライマー塗布に関する記述として、適切でないものはどれか。

イ プライマーは、液体の状態で被着体表面に適量を塗布する。
ロ プライマーは当日、必要量を小分けし、使い切る。
ハ 施工前に、目地構成被着体を確認する必要はない。
ニ プライマーは、塗りむらや塗り残しのないように均一に塗布する。

10 文中の( )内に当てはまる数値として、正しいものはどれか。
日本建築学会建築工事標準仕様書(JASS)によれば、ワーキングジョイントにおけるガラス回り以外に使用する2成分形変成シリコーン系シーリング材の目地幅の許容範囲の最大値は( )mmである。

イ 50
ロ 45
ハ 40
ニ 30

［B群(多肢択一法)］

11 シーリング工事において、マスキングテープ張りの施工順序として、最も適切なものはどれか。
  イ　プライマー塗布の前
  ロ　シーリング材充填の前
  ハ　バックアップ材装填の前
  ニ　へら仕上げの前

12 シーリング材自身が破断する破壊現象を表す語句として、正しいものはどれか。
  イ　凝集破壊
  ロ　接着破壊
  ハ　母材破壊
  ニ　界面破壊

13 シーリング材の故障と原因の主な組合せとして、適切でないものはどれか。
     故障   原因
  イ　被着面からの剥離 ・・・・・ プライマーの不良
  ロ　チョーキング ・・・・・・・ シーリング材の伸び性能の不足
  ハ　シーリング材自身の破断 ・・ シーリング材のムーブメントへの追従性不足
  ニ　表面のひび割れ ・・・・・ 紫外線による劣化

14 シーリング工事の養生及び保護材料として、使用されないものはどれか。
  イ　フィルム
  ロ　シート
  ハ　合板
  ニ　ボンドブレーカー

15 シーリング工事における養生及び保護に関する記述として、適切なものはどれか。
  イ　ほこりの付着が予想される場合の養生及び保護として、施工後、シーリング材表面にプライマーを塗布する。
  ロ　施工後のシーリング材の養生及び保護は、タックフリーが過ぎてから行う。
  ハ　防じんのため、シーリング材の表面にネットを張る。
  ニ　人の触れやすい場所は、施工後、直ちに養生及び保護を行う。

16 バックアップ材やボンドブレーカーを使用しない目地はどれか。
  イ　GRCパネル目地
  ロ　石材笠木目地
  ハ　コンクリート打継ぎ目地
  ニ　ガラス回り目地

17 陽極酸化皮膜処理を行う材料はどれか。
 イ　ALC
 ロ　スチール
 ハ　ガラス
 ニ　アルミニウム

18 目地に発生するムーブメントの要因として、適切でないものはどれか。
 イ　躯体及び構成部材の温度変化や湿度変化による寸法変化
 ロ　風圧力や地震力によって生じる躯体の層間変位
 ハ　風圧力や地震力を受けて生じる構成部材の面内・面外変形
 ニ　シーリング材の経年劣化による変化

19 シーリング材の種類と部位の組合せとして、適切なものはどれか。
    種類　　　　　　　　　部位
 イ　アクリル系　・・・・・　PCa(プレキャスト鉄筋コンクリート部材)パネル間目地
 ロ　変成シリコーン系　・・・　ガラス回り目地
 ハ　ポリサルファイド系　・・　金属製笠木の目地
 ニ　ポリウレタン系　・・・・　ALC塗装仕上げのパネル間目地

20 日本工業規格(JIS)によれば、シーリング材の容器に表示を義務付けられていないものはどれか。
 イ　製造者名又はその略号
 ロ　製造年月日又はその略号
 ハ　総重量
 ニ　取扱い上の注意事項

21 シーリング材の汚染現象に関する記述として、適切でないものはどれか。
 イ　アクリルウレタン系は、ほこり等が付着しやすい。
 ロ　ポリサルファイド系は、紫外線により変退色しやすい。
 ハ　ポリウレタン系は、硫黄系ガスにより変色しやすい。
 ニ　シリコーン系は、石材・タイル等のはっ水汚染をおこしやすい。

22 乾燥硬化するシーリング材はどれか。
 イ　アクリル系
 ロ　アクリルウレタン系
 ハ　シリコーン系
 ニ　ポリウレタン系

［B群(多肢択一法)］

23 シーリング工事に使用する材料に関する記述として、適切でないものはどれか。
　　イ 1成分形シーリング材には、カートリッジタイプ、フィルムパックタイプなど
　　　　がある。
　　ロ プライマーは、有効期間であれば、変色、増粘、ゲル化など異常が生じてい
　　　　るものでも使用してもよい。
　　ハ バックアップ材は、ポリエチレンの発泡体が多く使用されている。
　　ニ マスキングテープは、低温時でも構成部材に粘着する必要がある。

24 次のうち、シート防水に使用されていないものはどれか。
　　イ エポキシ樹脂系
　　ロ 塩化ビニル樹脂系
　　ハ 非加硫ゴム系
　　ニ エチレン酢酸ビニル樹脂系

25 ウレタンゴム系塗膜防水で使用される材料はどれか。
　　イ ガラスマット
　　ロ 加硫ゴム系シート
　　ハ 補強布
　　ニ テープ状シール材

平成31年度 技能検定
1級 防水施工 学科試験問題
（シーリング防水工事作業）

1. 試験時間　　1時間40分
2. 問題数　　　50題(A群25題、B群25題)
3. 注意事項
   （1）　係員の指示があるまで、この表紙はあけないでください。
   （2）　答案用紙(真偽法と多肢択一法の併用)に検定職種名、作業名、級別、受検番号、氏名を必ず記入してください。
   （3）　係員の指示に従って、問題数を確かめてください。それらに異常がある場合は、黙って手を挙げてください。問題はA群(真偽法)とB群(多肢択一法)とに分かれています。
   （4）　試験開始の合図で始めてください。
   （5）　解答の方法(真偽法と多肢択一法の併用)は次のとおりです。
   　　イ．　A群の問題(真偽法)は、一つ一つの問題の内容が正しいか、誤っているかを判断して解答してください。
   　　ロ．　B群の問題(多肢択一法)は、正解と思うものを一つだけ選んで、解答してください。二つ以上に解答した場合は誤答となります。
   　　ハ．　答案用紙(マークシート用紙)へ解答する際は、答案用紙に記載されている注意事項に従ってください。
   　　ニ．　答案用紙の解答欄は、A群の問題とB群の問題とでは異なります。所定の解答欄に、試験問題の題数に応じて解答してください。解答欄はA群は50題まで、B群は25題まで解答できるようになっています。
   （6）　電子式卓上計算機その他これと同等の機能を有するものは、使用してはいけません。
   （7）　携帯電話等は、使用してはいけません。
   （8）　試験中、質問があるときは、黙って手を挙げてください。ただし、試験問題の内容、漢字の読み方等に関する質問にはお答えできません。
   （9）　試験終了時刻前に解答ができあがった場合は、黙って手を挙げて、係員の指示に従ってください。
   （10）　試験中に手洗いに立ちたいときは、黙って手を挙げて、係員の指示に従ってください。
   （11）　試験終了の合図があったら、筆記用具を置き、係員の指示に従ってください。

[A群(真偽法)]

1 建築物の外壁に使用されるカーテンウォールは、構造耐力を負担している。

2 鉄筋コンクリート造では、主として鉄筋が圧縮力を負担し、コンクリートが引張力を負担する。

3 日本工業規格(JIS)によれば、ALCパネルでの厚形パネルの形状による区分として、一般パネルとコーナーパネルに区分される。

4 建築基準法関係法令によれば、アスファルトは、耐水材料である。

5 労働安全衛生法関係法令によれば、つり足場の作業床は、幅を40cm以上とし、かつ、すき間がないようにしなければならない。

6 ドラム回転形混練機(自動反転式)でのシーリング材の練混ぜ時間は、10分以上15分以内がよい。

7 シーリング防水層の改修工事において、既存シーリング材の撤去に使用する電動式シーリングカッターのブレード(替え刃)は、目地の形状・寸法によって変える必要はない。

8 施工要領書は、施工の各工程を具体的に明記し、施工法・品質の管理・検査の方法などを記載したものである。

9 ムーブメントの大きいワーキングジョイントに使用するシーリング材は、一般に、高モジュラスのものが適している。

10 アルミニウム製カーテンウォールの方立ジョイントの目地幅は、方立の長さに比例する。

11 シーリング防水工事において、マスキングテープの除去は、へら仕上げ後、シーリング材の可使時間を超えてから行う。

12 ガラス回りにシリコーン系シーリング材とクロロプレンゴムを使用する場合は、ボンドブレーカー又はバックアップ材で確実に縁を切った上で施工する。

13 シーリング材の可塑剤などの成分が分離して、にじみ出すことを白亜化という。

14 シーリング施工における仕上げ作業後のフィルム張り養生は、クレーター発生防止に有効である。

15 ネットワーク工程表は、バーチャート工程表よりも関係業種との相互関係がわかりやすい。

16 ふっ素樹脂焼付け塗装鋼板は、一般に、シーリング材との接着性が悪い。

17 ALCパネルの温度変化による動きは、短辺の接合部よりも長辺の接合部の方が大きい。

18 アルミニウム材の陽極酸化皮膜処理は、シーリング材との接着性を向上させるために行われる。

19 コンクリートは、経年に従いアルカリ性が低下する。

20 シーリング材の設計伸縮率が大きいと、設計目地幅が大きくなる。

21 ポリウレタン系シーリング材は、ガラス回り目地に適している。

22 コンクリートの透水係数は、コンクリートの透水性を示す指標で、透水係数が小さいほど水が通りにくい。

23 日本建築学会建築工事標準仕様書(JASS)によれば、FRP防水工事において、下地の出隅の形状は、10～30mmの面取りあるいはR形がよい。

24 ケイ酸質系塗布防水は、一般に、屋根用防水として使用される。

[B群(多肢択一法)]

1 文中の(　)内に当てはまる数値として、正しいものはどれか。
　建築基準法関係法令によれば、鉄筋コンクリート造において、鉄筋に対するコンクリートのかぶり厚さは、耐力壁以外の壁又は床にあっては(　)cm以上としなければならない。
　　イ　2
　　ロ　4
　　ハ　6
　　ニ　8

2 文中の(　)内に当てはまる語句として、適切なものはどれか。
　水密コンクリートは、(　)の非常に小さいコンクリートである。
　　イ　吸音性
　　ロ　断熱性
　　ハ　透水性
　　ニ　耐水性

3 日本工業規格(JIS)の建築製図通則によれば、下図の平面表示記号が表すものはどれか。
　　イ　両開きとびら
　　ロ　シャッター
　　ハ　引違い窓
　　ニ　出入口一般

4 消防法関係法令によれば、消火設備に含まれないものはどれか。
　　イ　スプリンクラー設備
　　ロ　泡消火設備
　　ハ　水バケツ
　　ニ　防火扉設備

5 文中の(　)内に当てはまる数値として、正しいものはどれか。
　労働安全衛生法関係法令によれば、単管足場の壁つなぎ又は控えの設置間隔は、垂直方向(　)m以下、水平方向5.5m以下としなければならない。
　　イ　5
　　ロ　7
　　ハ　10
　　ニ　14

6 シーリング防水工事におけるへら仕上げに関する記述として、適切でないものはどれか。
  イ　シーリング材の可使時間内に行う。
  ロ　シーリング材が目地の隅々まで行き渡るように、加圧しながら行う。
  ハ　打止め部は、打ち継ぎができるように斜めに仕上げておく。
  ニ　エマルション乾燥硬化形のシーリング材は、仕上げ面を凹面にする。

7 シーリング工事の施工計画書において、一般に、記載しないものはどれか。
  イ　建築概要
  ロ　使用材料
  ハ　契約金額
  ニ　施工体制

8 3面接着でシーリング施工をする目地はどれか。
  イ　金属製笠木目地
  ロ　鉄筋コンクリート造のサッシ回り目地
  ハ　ガラス回り目地
  ニ　アルミニウム合金製カーテンウォール方立目地

9 シーリング防水工事に関する記述として、適切でないものはどれか。
  イ　2辺SSG構法とは、板ガラスの4辺を構造シーラントで支持部材に接着固定する方法である。
  ロ　変成シリコーン系シーリング材を使用する場合のボンドブレーカーとしては、ポリエチレン製のテープが適している。
  ハ　サッシとガラス取合い部のエッジクリアランスは、地震時にガラスを安全に支持するためのものである。
  ニ　シーリング材の打継ぎは、コーナー部を避けて、斜めに打ち継ぐ。

10 バックアップ材の装填に関する記述として、適切でないものはどれか。
  イ　バックアップ材の装填後に降雨にあった場合は、バックアップ材を除去した後、再装填を行う。
  ロ　バックアップ材は、ストッパー付きの治具を使用して装填する。
  ハ　バックアップ材は、所定の位置より2〜3mm程度深めに装填する。
  ニ　バックアップ材は、ねじれ、段差、隙間等がないように装填する。

11 フィルドジョイント構法に関する記述として、適切でないものはどれか。
  イ　水密性は、シーリング材やガスケットにより確保する。
  ロ　排水機構を持つダブルシールは、水密信頼性が高い。
  ハ　中低層建築物の外壁パネルの接合部等に使用される。
  ニ　メンテナンスフリーである。

［B群(多肢択一法)］

12 シーリング材の打継ぎの組合せとして、適切でないものはどれか。

	先打ち		後打ち
イ	1成分形シリコーン系	→	2成分形変成シリコーン系
ロ	2成分形シリコーン系	→	1成分形シリコーン系
ハ	2成分形ポリウレタン系	→	2成分形変成シリコーン系
ニ	2成分形ポリサルファイド系	→	2成分形シリコーン系

13 シーリング防水のブリッジ工法による補修に関する記述として、適切なものはどれか。
 イ 目地幅を拡大して、新規にシーリング材を充填する工法である。
 ロ シーリング材の接着幅と厚さは、一般に、いずれも9mm以上が適切である。
 ハ ボンドブレーカーの幅は、目地のムーブメントに関係がない。
 ニ 意匠上、特に問題のない工法である。

14 文中の( )内に当てはまる語句として、適切なものはどれか。
 下図で示されるシーリング目地の劣化状態は、( )である。

 イ ひび割れ
 ロ 被着面からのはく離
 ハ 被着体の破壊
 ニ シーリング材の破断

15 シーリング材の故障に関する記述として、適切でないものはどれか。
 イ 凝集破壊は、目地のムーブメントが小さい場合に発生しやすい。
 ロ プライマーの不適合は、接着破壊を起こしやすい。
 ハ 結露が原因となる接着不良は、金属・ガラスなどで発生しやすい。
 ニ 被着体の破壊は、被着体の表面強度を、シーリング材の発生応力が上回ったときに発生しやすい。

16 文中の(　　)内に当てはまる数値の組合せとして、正しいものはどれか。
　　下記条件により、サッシ回り及びガラス回り目地のシーリング防水工事を行う場合、必要な作業延べ人数は(①)人、作業日数は(②)日である。
　　　＜条件＞
　　　　(1)シーリング材の延べ充填長さは、サッシ回り目地は4,000m、ガラス回り目地は12,000mとする。
　　　　(2)作業員1人当たりの施工能力は、サッシ回り目地は、1日当たり50m、ガラス回り目地は1日当たり80mとする。
　　　　(3)作業員は、1日当たり4人とする。
　　　　(4)計算結果が小数の場合は、小数点以下を切り上げること。

　　　　　　　　①　　　②
　　イ　　230 ・・ 55
　　ロ　　230 ・・ 58
　　ハ　　240 ・・ 55
　　ニ　　240 ・・ 58

17 熱線反射ガラスの説明に関する記述として、適切なものはどれか。
　　イ　2枚の板ガラスの間にポリビニルブチラールの薄膜が入っている。
　　ロ　強度が大きく、破損すると細粒状になる。
　　ハ　ガラスに微量の金属が添加され、光の透過を低減する。
　　ニ　表面に金属酸化物や金属薄膜が形成され、光を反射する。

18 メタルカーテンウォールと比較した場合のプレキャストコンクリートカーテンウォールの特徴に関する記述として、適切でないものはどれか。
　　イ　断熱性能に優れる。
　　ロ　耐火性能に優れる。
　　ハ　風圧によるたわみが大きい。
　　ニ　建込み精度が劣る。

19 ALCパネルのシーリング防水工事に関する記述として、適切でないものはどれか。
　　イ　ALCパネルは、降雨後の施工に際しては被着面の乾燥に十分留意する。
　　ロ　ALCパネルの表面は粗面であり、微小なひび割れが発生していることも多い。
　　ハ　建具などの取合部では切断屑などが付着しているので、清掃には十分留意する。
　　ニ　アクリル系シーリング材を使用した場合は、シーリング材が硬化しないうちに表面仕上材の施工を行う。

[B群(多肢択一法)]

20 日本工業規格(JIS)において、シーリング材の要求性能として、規定されていないものはどれか。
　　イ　断熱性
　　ロ　耐久性
　　ハ　接着性
　　ニ　弾性復元性

21 被着体とシーリング材に関する記述として、適切でないものはどれか。
　　イ　石目地には、ポリウレタン系が適していない。
　　ロ　金属製笠木目地には、2成分形シリコーン系が適している。
　　ハ　ガラス回りの目地には、変成シリコーン系が適している。
　　ニ　現場で塗装するALCパネルの目地には、ポリウレタン系が適している。

22 文中の(　　)内に当てはまる語句として、適切なものはどれか。
　　1成分形シリコーン系シーリング材は、(　　)で硬化する。
　　イ　湿気
　　ロ　酸素
　　ハ　窒素
　　ニ　二酸化炭素

23 ガスケットに関する記述として、適切なものはどれか。
　　イ　目地ガスケットは、ガラス回りの目地に装着する材料である。
　　ロ　ソリッドガスケットは、樹脂やゴムを発泡させて成形した材料である。
　　ハ　グレイジングガスケットは、プレキャストコンクリートカーテンウォールの接合部に使用する材料である。
　　ニ　構造ガスケットは、ガラスの保持機能と水密・気密機能を持つ材料である。

24 アスファルト防水の熱工法の材料として、一般に、使用されないものはどれか。
　　イ　ポリエチレンフォーム
　　ロ　ストレッチルーフィング
　　ハ　ゴムアスファルト系シール材
　　ニ　押え金物

25 ポリマーセメントペーストを使用して張り付けるシート防水の種類はどれか。
　　イ　加硫ゴム系
　　ロ　改質アスファルト系
　　ハ　エチレン酢酸ビニル樹脂系
　　ニ　塩化ビニル樹脂系

平成 30 年度 技能検定
1 級 防水施工 学科試験問題
（シーリング防水工事作業）

1. 試験時間　　1 時間 40 分
2. 問題数　　　50 題(A 群 25 題、B 群 25 題)
3. 注意事項
    （1）　係員の指示があるまで、この表紙はあけないでください。
    （2）　答案用紙(真偽法と多肢択一法の併用)に検定職種名、作業名、級別、受検番号、氏名を必ず記入してください。
    （3）　係員の指示に従って、問題数を確かめてください。それらに異常がある場合は、黙って手を挙げてください。問題は A 群(真偽法)と B 群(多肢択一法)とに分かれています。
    （4）　試験開始の合図で始めてください。
    （5）　解答の方法(真偽法と多肢択一法の併用)は次のとおりです。
    　　イ．　A 群の問題(真偽法)は、一つ一つの問題の内容が正しいか、誤っているかを判断して解答してください。
    　　ロ．　B 群の問題(多肢択一法)は、正解と思うものを一つだけ選んで、解答してください。二つ以上に解答した場合は誤答となります。
    　　ハ．　答案用紙(マークシート用紙)へ解答する際は、答案用紙に記載されている注意事項に従ってください。
    　　ニ．　答案用紙の解答欄は、A 群の問題と B 群の問題とでは異なります。所定の解答欄に、試験問題の題数に応じて解答してください。解答欄は A 群は 50 題まで、B 群は 25 題まで解答できるようになっています。
    （6）　電子式卓上計算機その他これと同等の機能を有するものは、使用してはいけません。
    （7）　携帯電話等は、使用してはいけません。
    （8）　試験中、質問があるときは、黙って手を挙げてください。ただし、試験問題の内容、漢字の読み方等に関する質問にはお答えできません。
    （9）　試験終了時刻前に解答ができあがった場合は、黙って手を挙げて、係員の指示に従ってください。
    （10）　試験中に手洗いに立ちたいときは、黙って手を挙げて、係員の指示に従ってください。
    （11）　試験終了の合図があったら、筆記用具を置き、係員の指示に従ってください。

[A群(真偽法)]

1 木構造の筋かいは、地震、風圧等の水平力に抵抗させるために取り付けられる。

2 下図の屋根の形状は、切妻である。

3 ALCパネルには、厚形パネルと薄形パネルがある。

4 建築基準法関係法令によれば、劇場は特殊建築物である。

5 労働安全衛生法関係法令によれば、移動はしごの幅は25cm以上としなければならない。

6 マスキングテープは、通常、粘着剤付きの紙テープである。

7 ガラスに付着した油分は、ナイロン研磨布でのバフ掛けで清掃するのがよい。

8 日本建築学会建築工事標準仕様書(JASS)によれば、目地底のある目地で、のり付きバックアップ材を使用する場合は、目地幅に対し1〜2mm程度小さめの幅のものが適している。

9 ボンドブレーカーの張付け後、降雨のあったときは、張り付けたボンドブレーカーを取り除き、被着面を乾燥後、再度張り付ける。

10 変成シリコーン系シーリング材とシリコーン系シーリング材を打継ぐ場合は、シリコーン系シーリング材を先打ちする。

11 ガラス回りにおいて、シーリング材の充填は、上辺中央部から始める。

12 ガラス工事における2辺SSG構法とは、ガラスの2辺を構造シーラントで接着固定する構法である。

13 シリコーン系シーリング材は、ポリウレタン系シーリング材よりも紫外線によって劣化しやすい。

14 再充填工法によるシーリング目地の改修は、補修後シーリングジョイントの外観が変わらないので意匠上問題となることはない。

15 シーリング材の施工後の養生は、空気の流通を妨げたり、シーリング材と接触したりしないように行う。

16 施工要領書とは、施工計画書に記載した項目を具体的に実施するにあたり、その施工方法の詳細や自主管理方法、安全衛生管理方法などを記載したものである。

17 ステンレス鋼は、金属系の被着体の中で、最もシーリング材と接着しやすい性質を持っている。

18 プレキャストコンクリートカーテンウォールの温度変化による伸縮は、一般に、金属製カーテンウォールよりも小さい。

19 シーリング材の接着面に繊維補強コンクリートの繊維があると、接着性が向上する。

20 金属製笠木のシーリング施工では、2成分形変成シリコーン系よりも2成分形ポリサルファイド系シーリング材を使用するとよい。

21 プライマーは、使用するバックアップ材又はボンドブレーカーの種類によって選択するとよい。

22 日本工業規格(JIS)によれば、弾性シーリング材は、目地のムーブメントによって生じた応力がひずみにほぼ比例するシーリング材である。

23 日本建築学会建築工事標準仕様書(JASS)によれば、メンブレン防水層の種類を示す記号のLは、塗膜防水層を表す。

24 日本工業規格(JIS)によれば、建築用塗膜防水材の適用部位による区分は、屋根用と外壁用とに大別される。

25 塩化ビニル樹脂系シート防水のシート端末処理用の不定形シール材には、一般に、アクリル系のものが使用されている。

［B群(多肢択一法)］

1 下図の建築物の階段において、蹴込み板を表すものはどれか。

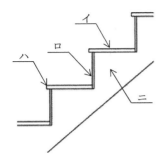

2 文中の(　　)内に当てはまる数値として、正しいものはどれか。
日本工業規格(JIS)によれば、レディーミクストコンクリートの運搬時間は、生産者が練混ぜを開始してから運搬車が荷卸し地点に到着する時間とし、その時間は(　　)時間以内とする。
　イ　1
　ロ　1.5
　ハ　2
　ニ　2.5

3 日本工業規格(JIS)の建築製図通則によれば、下図の材料構造表示記号が表すものとして、正しいものはどれか。
　イ　軽量壁一般
　ロ　普通ブロック壁
　ハ　軽量ブロック壁
　ニ　コンクリート及び鉄筋コンクリート

4 文中の(　　)内に当てはまる語句として、正しいものはどれか。
建築基準法関係法令によれば、耐火構造建築物の屋根は、(　　)以上の耐火性能を有しなければならない。
　イ　30分間
　ロ　1時間
　ハ　2時間
　ニ　3時間

5 文中の(　)内に当てはまる数値として、正しいものはどれか。
　労働安全衛生法関係法令によれば、脚立は、脚と水平面との角度を(　)度以下とする。
　　　イ　30
　　　ロ　45
　　　ハ　60
　　　ニ　75

6 2成分形シーリング材の混練に関する記述として、適切でないものはどれか。
　　　イ　缶の底部分まで十分に混練する。
　　　ロ　確実に練り混ぜるため、混練機で30分間程度混練する。
　　　ハ　気泡の巻き込みがないように、均一に混練する。
　　　ニ　基剤と硬化剤は、シーリング材製造所指定の混合比で混練する。

7 シーリング工事の施工順序において、(　)内に当てはまる語句の組合せとして、適切なものはどれか。
　下地清掃 → バックアップ材の装填 → マスキングテープ張り → プライマー塗布
　→ (①) → へら仕上げ → マスキングテープ除去 → (②) → 養生
　　　　　　　　　　①　　　　　　　　　　　②
　　　イ　シーリング材の充填　・・　工具の片付け
　　　ロ　シーリング材の混練　・・　シーリング材の充填
　　　ハ　目地調整　・・・・・・・　施工後の清掃
　　　ニ　シーリング材の充填　・・　施工後の清掃

8 三面接着でシーリング施工した方がよい目地はどれか。
　　　イ　金属笠木目地
　　　ロ　RC造サッシ回り目地
　　　ハ　ガラス回り目地
　　　ニ　アルミ製カーテンウォールの方立目地

9 プライマー塗布に関する記述として、誤っているものはどれか。
　　　イ　有効期間の過ぎているものやゲル化しているプライマーは使用しない。
　　　ロ　シーリング材の充填が翌日に延びたときは、プライマーの再塗布を行う。
　　　ハ　プライマーの乾燥時間は、一般に、夏季の方が長い。
　　　ニ　プライマーは、必要量だけ小分けし、目地の内部がよく塗れるようなはけを使用するとよい。

［B群(多肢択一法)］

10 フィルドジョイント構法に関する記述として、適切でないものはどれか。
　　イ　フィルドジョイント構法の水密の原理は、シール材により接合部の目地のすき間を閉塞することである。
　　ロ　フィルドジョイント構法は定期的な補修が想定され、ランニングコストが高価になる。
　　ハ　シングルシールジョイント(排水機構あり)のジョイントの構成はガスケットジョイントである。
　　ニ　ダブルシールジョイント(排水機構あり)の止水ラインは2次シールである。

11 日本建築学会建築工事標準仕様書(JASS)によれば、一般のワーキングジョイントの目地幅が20mmの場合、目地深さの許容範囲として、適切なものはどれか。
　　イ　　5〜10mm
　　ロ　　10〜15mm
　　ハ　　15〜20mm
　　ニ　　20〜25mm

12 日本建築学会建築工事標準仕様書(JASS)によれば、ワーキングジョイントにおけるポリウレタン系シーリング材の目地幅の許容範囲の最大値として、適切なものはどれか。
　　イ　50mm
　　ロ　45mm
　　ハ　40mm
　　ニ　35mm

13 補修方法であるブリッジ工法に関する記述として、適切でないものはどれか。
　　イ　既存のシーリング材をそのまま残し、新規のシーリング材をかぶせて施工する工法である。
　　ロ　目地幅の不足を補うことができる工法である。
　　ハ　既存のシーリング材を除去する必要がないので、作業環境への影響が少ない工法である。
　　ニ　金属笠木や方立の目地等には適さない工法である。

14 下図のシーリング目地の劣化状態のうち、被着体の破壊はどれか。

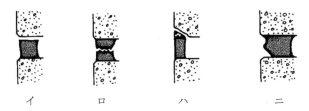

　　　イ　　　　　ロ　　　　　ハ　　　　　ニ

15 シーリング防水工事における故障に関する記述として、適切なものはどれか。
    イ 仕上げ塗材にシーリング材の可塑剤が移行する現象を、ブリードという。
    ロ シーリング材が紫外線、熱などによって軟らかくなる現象を、白亜化という。
    ハ シーリング材に気泡が入って膨らんだ現象を、凝集破壊という。
    ニ シーリング材が被着体に接着しない現象を、未硬化という。

16 文中の( )内に当てはまる数値として、正しいものはどれか。
    下記の条件①〜④により、サッシ回り及びガラス回り目地のシーリング工事を行う場合に必要な延べ作業員数は(A)人、作業日数は(B)日である。
    <条件>
    ① シーリング材の延べ充填長さは、サッシ回り目地は4000m、ガラス回り目地は、12000mとする。
    ② 作業員1人当たりの施工能力は、サッシ回り目地は、1日当たり50m、ガラス回り目地は、1日当たり80mとする。
    ③ 作業員は、1日当たり4人とする。
    ④ 計算結果が小数の場合は、小数点以下は切り上げること。

         A   B
    イ 230 ・・ 58
    ロ 230 ・・ 60
    ハ 290 ・・ 58
    ニ 290 ・・ 60

17 文中の( )内に当てはまる数値として、正しいものはどれか。
    日本建築学会建築工事標準仕様書(JASS)によれば、シーリング工事において、プレキャストコンクリートカーテンウォール部材取付け時の目地幅の施工誤差の標準値は( )mmと規定されている。
    イ ±3
    ロ ±5
    ハ ±8
    ニ ±10

18 シーリング防水下地の種類と接着阻害因子との組合せとして、適切でないものはどれか。
         下地の種類   接着阻害因子
    イ コンクリート ・・ レイタンス
    ロ 銅 ・・・・・・・ 腐食生成物
    ハ ALCパネル ・・・ ぜい弱層
    ニ 耐候性鋼 ・・・・ 封孔処理剤

[B群(多肢択一法)]

19　シーリング防水の下地に関する記述として、適切でないものはどれか。
　　イ　コンクリートのぜい弱層は、ワイヤーブラシ、サンドペーパー等で除去する。
　　ロ　銅は緑青(ろくしょう)が発生しやすい。
　　ハ　金属の被着体の場合、被着面近傍(ぼう)の空気が露点温度に達しやすい場合は、工事を中止する。
　　ニ　ステンレスの表面は、化学的に不安定である。

20　次のうち、1成分形シリコーン系シーリング材の硬化について、正しいものはどれか。
　　イ　空気中の湿気で硬化する。
　　ロ　空気中の酸素で硬化する。
　　ハ　空気中の窒素で硬化する。
　　ニ　空気中のオゾンで硬化する。

21　日本工業規格(JIS)の建築用シーリング材に関する記述として、誤っているものはどれか。
　　イ　タイプ及びクラスに区分されている。
　　ロ　用途により、AとBのタイプに区分されている。
　　ハ　低モジュラス、高モジュラスに区分されている。
　　ニ　弾性、塑(そ)性に区分されている。

22　アクリル樹脂、ポリカーボネート板の施工に使用するシーリング材として、適切なものはどれか。
　　イ　1成分形シリコーン系(脱アルコール)
　　ロ　1成分形シリコーン系(脱酢酸)
　　ハ　1成分形シリコーン系(脱オキシム)
　　ニ　2成分形シリコーン系

23　シリコーンテープのボンドブレーカーと適合できるシーリング材として、適切でないものはどれか。
　　イ　アクリルウレタン系
　　ロ　シリコーン系
　　ハ　ポリウレタン系
　　ニ　ポリサルファイド系

24 下図の構造ガスケットの断面形状が表すものとして、正しいものはどれか。

イ　C型ガスケット押縁タイプ
ロ　C型ガスケットくわえ込みタイプ
ハ　H型ガスケット
ニ　Y型ガスケット

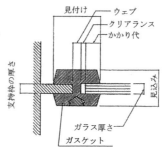

25 ウレタンゴム系塗膜防水で、一般に、使用されない材料はどれか。
イ　絶縁用シート
ロ　プライマー
ハ　通気緩衝シート
ニ　補強布

平成 31 年度 技能検定
2 級 防水施工 学科試験問題
（FRP防水工事作業）

1. 試験時間　1時間40分
2. 問題数　　50題(A群25題、B群25題)
3. 注意事項
   (1) 係員の指示があるまで、この表紙はあけないでください。
   (2) 答案用紙(真偽法と多肢択一法の併用)に検定職種名、作業名、級別、受検番号、氏名を必ず記入してください。
   (3) 係員の指示に従って、問題数を確かめてください。それらに異常がある場合は、黙って手を挙げてください。問題はA群(真偽法)とB群(多肢択一法)とに分かれています。
   (4) 試験開始の合図で始めてください。
   (5) 解答の方法(真偽法と多肢択一法の併用)は次のとおりです。
   　イ．A群の問題(真偽法)は、一つ一つの問題の内容が正しいか、誤っているかを判断して解答してください。
   　ロ．B群の問題(多肢択一法)は、正解と思うものを一つだけ選んで、解答してください。二つ以上に解答した場合は誤答となります。
   　ハ．答案用紙(マークシート用紙)へ解答する際は、答案用紙に記載されている注意事項に従ってください。
   　ニ．答案用紙の解答欄は、A群の問題とB群の問題とでは異なります。所定の解答欄に、試験問題の題数に応じて解答してください。解答欄はA群は50題まで、B群は25題まで解答できるようになっています。
   (6) 電子式卓上計算機その他これと同等の機能を有するものは、使用してはいけません。
   (7) 携帯電話等は、使用してはいけません。
   (8) 試験中、質問があるときは、黙って手を挙げてください。ただし、試験問題の内容、漢字の読み方等に関する質問にはお答えできません。
   (9) 試験終了時刻前に解答ができあがった場合は、黙って手を挙げて、係員の指示に従ってください。
   (10) 試験中に手洗いに立ちたいときは、黙って手を挙げて、係員の指示に従ってください。
   (11) 試験終了の合図があったら、筆記用具を置き、係員の指示に従ってください。

[A群(真偽法)]

1 単管足場とは、鋼管を工事現場において緊結金具(クランプ等)を用いて組み立てる建込み足場のことである。

2 レディーミクストコンクリートとは、コンクリート製造工場から固まっていない状態で、工事現場に配送されるコンクリートのことをいう。

3 日本工業規格(JIS)の建築製図通則によれば、下図は、軽量壁一般を表す材料構造表示記号である。

4 建築基準法関係法令によれば、階段は、主要構造部に含まれている。

5 労働安全衛生法関係法令によれば、つり足場の上で、脚立を使用して作業してもよい。

6 FRP防水工事において、貫通配管回りにプライマーを塗布するには、毛ばけが適している。

7 防水用ポリエステル樹脂の塗布に使用したはけ類は、灯油で洗浄するとよい。

8 FRP防水工事において、下地のピンホールの補修には、ポリマーセメントモルタルを塗って平坦に仕上げる。

9 FRP防水工事において、防水用ガラスマットに防水用ポリエステル樹脂を塗布した後は、すみやかに脱泡作業を行う。

10 FRP防水工事において、防水用ガラスマット相互の接合部は、ガラスマットの端部の繊維をすき取って施工すると継目が目立たない。

11 FRP防水工事において、立上り部のガラスマット相互の重ね幅は、50mm以上とする。

12 FRP防水層に発生した硬化不良の原因の一つとして、防水用ポリエステル樹脂の塗布量不足がある。

13 FRP防水層に発生する膨れの原因の一つとして、重量物の設置がある。

14 FRP防水工事において、ポリエステル樹脂系仕上塗料は、施工中に雨に当たると、表面が白く変色することがある。

[A群(真偽法)]

15 防水用ポリエステル樹脂の材料を調合・かくはんする場所は、ダンボールを敷いて養生するとよい。

16 FRP防水工事において、下地の出隅部は、通りよく直角に仕上げる。

17 FRP防水工事において、現場打ち鉄筋コンクリート下地表面は、金ごて押さえで仕上げる。

18 木造住宅バルコニーにFRP防水施工をする場合、水切り金物・外壁材は、防水施工前に取り付けられていなければならない。

19 一般に、現場打ちコンクリートスラブ(下地)では、デッキプレート型枠工法は、合板型枠工法よりもコンクリートの乾燥が速い。

20 FRP防水工事において、防水用ポリエステル樹脂に使用する硬化剤は、赤く着色されているが、古くなると薄くなり最終的に無色となる。

21 FRP防水において、防水用ポリエステル樹脂には、キシレンが混合されている。

22 FRP防水工事に使用する防水用ポリエステル樹脂の可使時間は、一般に、硬化剤の添加量が多いほど長くなる。

23 防水用ポリエステル樹脂に使用する硬化剤は、冷暗所で保管するとよい。

24 エチレン酢酸ビニル樹脂系シート防水には、機械的固定工法がある。

25 塩化ビニル樹脂系シート防水において、出入隅角に使用する成形役物は、塩化ビニル樹脂製である。

[B群(多肢択一法)]

1 下図の屋根の形状の名称として、適切なものはどれか。
イ 方形(ほうぎょう)
ロ 寄棟(よせむね)
ハ 片流れ
ニ 入母屋(いりもや)

2 モルタルの構成材料として、適切でないものはどれか。
イ セメント
ロ 砂(細骨材)
ハ 砂利(粗骨材)
ニ 水

3 日本工業規格(JIS)の建築製図通則によれば、下図の材料構造表示記号が表すものとして、正しいものはどれか。
イ 割栗
ロ 石材
ハ タイル
ニ 地盤

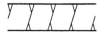

4 建築基準法関係法令によれば、耐水材料でないものはどれか。
イ コンクリート
ロ アスファルト
ハ 石
ニ せっこうボード

5 文中の( )内に当てはまる数値として、正しいものはどれか。
労働安全衛生法関係法令によれば、脚立は、脚と水平面との角度を( )度以下とし、かつ、折りたたみ式のものにあっては、脚と水平面との角度を確実に保つための金具等を備えることと規定されている。
イ 55
ロ 65
ハ 75
ニ 85

6 FRP防水工事において、一般に、パテ作業に用いる工具はどれか。
イ へら
ロ カートリッジガン
ハ チョークリール
ニ カッターナイフ

［B群(多肢択一法)］

7　FRP防水工事において、一般に、使用しない工具はどれか。
　　イ　かくはん棒
　　ロ　ピペット
　　ハ　転圧ローラー
　　ニ　はさみ

8　FRP防水を施工するコンクリート下地の点検及び下地処理に関する記述として、適切でないものはどれか。
　　イ　不要な鉄筋が突き出ている場合は、ポリマーセメントモルタルを塗って盛り上げる。
　　ロ　表面に脆弱部がある場合は、削り取ってポリマーセメントモルタルを塗って補修する。
　　ハ　表面にレイタンスがある場合は、削り取ってポリマーセメントモルタルを塗って補修する。
　　ニ　表面に凹部がある場合は、ポリマーセメントモルタルを塗って平坦に仕上げる。

9　文中の(　　)内に当てはまる数値として、適切なものはどれか。
　　日本建築学会建築工事標準仕様書(JASS)によれば、FRP防水工事において、プライマーの塗布量は、(　　)kg／m²とする。
　　イ　0.1
　　ロ　0.2
　　ハ　0.3
　　ニ　0.4

10　FRP防水工事におけるトナー入り防水用ポリエステル樹脂に関する記述として、適切でないものはどれか。
　　イ　防水用ポリエステル樹脂に対し、2～10%程度のトナーを調合して作る。
　　ロ　2回塗りをすれば、仕上塗料を省略することができる。
　　ハ　塗布前に、先に施工した防水用ポリエステル樹脂が硬化していることを確認する。
　　ニ　平場における塗布量は、0.4kg／m²程度とする。

11　日本建築学会建築工事標準仕様書(JASS)によれば、RC(現場打ち鉄筋コンクリート)下地にFRP防水を施工する場合、適切な勾配はどれか。
　　イ　1／100 ～1／80
　　ロ　1／80 ～1／50
　　ハ　1／50 ～1／20
　　ニ　1／20 ～1／5

12 FRP防水工事において、防水用ガラスマットの記号#380の意味として、適切なものはどれか。

    イ　防水用ポリエステル樹脂を含浸したときの防水層の厚みが3.8mmである。

    ロ　防水用ガラスマットの伸び率が380%である。

    ハ　1m²当たりの防水用ガラスマットの重量が380gである。

    ニ　防水用ガラスマット1m²に含浸させる樹脂量が380gである。

13 FRP防水における仕上塗料の剥離原因として、最も当てはまらないものはどれか。

    イ　防水用ポリエステル樹脂と仕上塗料の施工間隔が空いた場合

    ロ　防水用ポリエステル樹脂の薄塗りがあった場合

    ハ　防水用ポリエステル樹脂の表面に水分が付着していた場合

    ニ　防水用ポリエステル樹脂の表面の汚れ等の除去が不十分だった場合

14 FRP防水層に発生するピンホールの原因でないものはどれか。

    イ　防水用ポリエステル樹脂の塗布量不足

    ロ　プライマーの乾燥不十分

    ハ　下地の清掃不良

    ニ　硬化剤の添加量不足

15 FRP防水工事において、養生に使用する資材として、適切でないものはどれか。

    イ　ビニルシート

    ロ　ポリエチレンフィルム

    ハ　クラフトテープ

    ニ　ポリエチレンクロステープ

16 木造住宅のFRP防水工事における下地として、最も適切なものはどれか。

    イ　せっこうボード

    ロ　合板

    ハ　パーティクルボード

    ニ　ALCパネル

17 FRP防水における標準的な木質系下地に使用する釘として、適切なものはどれか。

    イ　逆目釘

    ロ　スレート釘

    ハ　コンクリート釘

    ニ　タッカー釘

[B群(多肢択一法)]

18　次のうち、レイタンスが発生する防水下地はどれか。
　　　イ　けい酸カルシウム板(ケイカル板)
　　　ロ　現場打ち鉄筋コンクリート
　　　ハ　ALCパネル
　　　ニ　鉄板

19　文中の(　　)内に当てはまる語句として、適切なものはどれか。
　　FRP防水に使用する防水用ガラスマットは、長繊維のガラスを一定の長さにカットしたものを(　　)に重ねて不織布状にしたものである。
　　　イ　ランダム
　　　ロ　直角方向
　　　ハ　一方向
　　　ニ　放射状

20　FRP防水工事に使用するパテの樹脂として、最も適切なものはどれか。
　　　イ　エポキシ系
　　　ロ　シリコーン系
　　　ハ　ポリエステル系
　　　ニ　ポリサルファイド系

21　FRP防水工事において、下地がコンクリートの場合に使用するプライマーとして、適切なものはどれか。
　　　イ　ウレタン系溶剤タイプ
　　　ロ　合成ゴム系ラテックスタイプ
　　　ハ　合成樹脂系エマルションタイプ
　　　ニ　ゴムアスファルト系溶剤タイプ

22　文中の(　　)内に当てはまる語句として、適切なものはどれか。
　　不飽和ポリエステル樹脂の中で、防水用ポリエステル樹脂は、(　　)タイプである。
　　　イ　無溶剤
　　　ロ　硬質
　　　ハ　エマルション
　　　ニ　軟質

23　シート防水工法で、一般に、シート相互の接合を熱風溶接機で融着する材料はどれか。
　　　イ　エチレン酢酸ビニル樹脂系シート
　　　ロ　塩化ビニル樹脂系シート
　　　ハ　加硫ゴム系シート
　　　ニ　非加硫ゴム系シート

24 文中の(　　)内に当てはまる語句として、適切なものはどれか。
　　一般に、ウレタンゴム系塗膜防水工法で、貫通配管回りの下地処理に使用されるシーリング材は、(　　)である。
　　　イ　ポリウレタン系
　　　ロ　ブチルゴム系
　　　ハ　アクリル系
　　　ニ　SBR系

25 文中の(　　)内に当てはまる語句として、適切なものはどれか。
　　シーリング防水工事において、バックアップ材の使用目的は、(　　)を所定の寸法に保持するためのものである。
　　　イ　目地長さ
　　　ロ　目地幅
　　　ハ　部材長さ
　　　ニ　目地深さ

平成 30 年度 技能検定
2 級 防水施工 学科試験問題
（FRP 防水工事作業）

1. 試験時間　1 時間 40 分
2. 問題数　　50 題(A 群 25 題、B 群 25 題)
3. 注意事項
   (1) 係員の指示があるまで、この表紙はあけないでください。
   (2) 答案用紙(真偽法と多肢択一法の併用)に検定職種名、作業名、級別、受検番号、氏名を必ず記入してください。
   (3) 係員の指示に従って、問題数を確かめてください。それらに異常がある場合は、黙って手を挙げてください。問題は A 群(真偽法)と B 群(多肢択一法)とに分かれています。
   (4) 試験開始の合図で始めてください。
   (5) 解答の方法(真偽法と多肢択一法の併用)は次のとおりです。
   　イ．A 群の問題(真偽法)は、一つ一つの問題の内容が正しいか、誤っているかを判断して解答してください。
   　ロ．B 群の問題(多肢択一法)は、正解と思うものを一つだけ選んで、解答してください。二つ以上に解答した場合は誤答となります。
   　ハ．答案用紙(マークシート用紙)へ解答する際は、答案用紙に記載されている注意事項に従ってください。
   　ニ．答案用紙の解答欄は、A 群の問題と B 群の問題とでは異なります。所定の解答欄に、試験問題の題数に応じて解答してください。解答欄は A 群は 50 題まで、B 群は 25 題まで解答できるようになっています。
   (6) 電子式卓上計算機その他これと同等の機能を有するものは、使用してはいけません。
   (7) 携帯電話等は、使用してはいけません。
   (8) 試験中、質問があるときは、黙って手を挙げてください。ただし、試験問題の内容、漢字の読み方等に関する質問にはお答えできません。
   (9) 試験終了時刻前に解答ができあがった場合は、黙って手を挙げて、係員の指示に従ってください。
   (10) 試験中に手洗いに立ちたいときは、黙って手を挙げて、係員の指示に従ってください。
   (11) 試験終了の合図があったら、筆記用具を置き、係員の指示に従ってください。

[A群(真偽法)]

1 鉄筋工事は、建築における躯体工事に含まれる。

2 レイタンスとは、硬化したコンクリートの一部に粗骨材が集まってできた空隙の多い不均質な部分のことである。

3 日本工業規格(JIS)の建築製図通則によれば、下図の材料構造表示記号は、保温吸音材を表す。

4 消防法関係法令によれば、水バケツは簡易消火用具の一つである。

5 労働安全衛生法関係法令によれば、移動はしごの幅は、20cm以上と規定されている。

6 FRP防水工事において、毛ばけは、プライマーを塗布するときに用いる。

7 FRP防水工事において、防水用ポリエステル樹脂と硬化剤の調合は、金属製の容器でかくはんするとよい。

8 FRP防水を施工する木造バルコニーの下地において、下地合板の取付けには、逆目釘かスクリュー釘を使用するとよい。

9 FRP防水工事において、プライマーは、立上がり面に塗布した後に平場に塗布する。

10 降雨・降雪が予想される場合は、プライマーの塗布は速やかに完了させる。

11 FRP防水工事において、仕上げ塗料は、一度に厚塗りすると、ひび割れの原因となる。

12 FRP防水工事のポリエステル系仕上げ塗料においては、高温時、パラフィンワックスの浮きが不十分となって硬化不良を引き起こす場合がある。

13 FRP防水工事において、防水用ポリエステル樹脂は、可使時間に注意し、施工途中で硬化が始まった樹脂は使用しない。

14 FRP防水層にピンホールが見られる原因として、プライマーの乾燥不十分がある。

15 FRP防水工事に用いる養生テープとして、マスキングテープが適している。

16 断熱材が打ち込まれたコンクリートスラブは、断熱材がないものよりも乾燥が速い。

[A群(真偽法)]

17　FRP防水工事において、木質系下地の場合は、合板2枚張りとするとよい。

18　FRP防水工事において、木質系下地の勾配は、1／100以上がよい。

19　鉄筋コンクリート造の屋根のルーフドレンは、コンクリートに後付けするとよい。

20　FRP防水工事に使用する防水用ガラスマットには、防水層の平滑性を保持するため、幅方向の端部に向かってなだらかに質量が減少する「耳」が設けられている。

21　FRP防水工事において、FRP防水層の前に塗布する防水用ポリエステル樹脂の目的は、FRP防水層形成中に発生するピンホールや浮きを軽減するためである。

22　FRP防水工事において、防水用ポリエステル樹脂と調合するトナーは、FRP防水層の補強や塗膜厚みの確保のために使用される。

23　防水用ポリエステル樹脂に使用する硬化剤は、樹脂に対して0.8～2%添加、調合して使用する。

24　日本建築学会建築工事標準仕様書(JASS)によれば、アクリルゴム系塗膜防水の適用部位は、主としてベランダである。

25　通気緩衝シートは、シート防水に使用する。

[B群(多肢択一法)]

1 文中の(　　)内に当てはまる語句として、適切なものはどれか。
　RC造は、コンクリートが主として圧縮に対して有効に働き、(　　)が主として引張りに対して有効に働く。
　　イ　鉄骨
　　ロ　鉄筋
　　ハ　木材
　　ニ　メタルラス

2 屋根に使用するALCパネルに関する記述として、適切でないものはどれか。
　　イ　壁面パネルと取合い部に双方の異なる動きが生じる。
　　ロ　降雨に濡れると乾燥しにくい。
　　ハ　継手目地部にモルタルを充填する。
　　ニ　複雑な勾配にも容易に適応できる。

3 日本工業規格(JIS)の建築製図通則によれば、下図の平面表示記号のうち、引違い戸を表すものはどれか。

　　イ　　　　　　　ロ　　　　　　　ハ　　　　　　　ニ

4 建築基準法関係法令によれば、主要構造部に含まれないものはどれか。
　　イ　梁
　　ロ　階段
　　ハ　間仕切壁
　　ニ　柱

5 文中の(　　)内に当てはまる数値として、正しいものはどれか。
　労働安全衛生法関係法令によれば、事業者は、高さ又は深さが(　　)mをこえる箇所で作業を行なうときは、原則として、当該作業に従事する労働者が安全に昇降するための設備等を設けなければならない。
　　イ　1.0
　　ロ　1.5
　　ハ　2.0
　　ニ　2.5

6 FRP防水工事において、下地処理に使用する器工具はどれか。
　　イ　はさみ
　　ロ　チョークリール
　　ハ　ディスクサンダー
　　ニ　カッターナイフ

[B群(多肢択一法)]

7 FRP防水工事に関係する作業と機械及び器工具の組合せとして、適切でないものはどれか。

	作業	機械及び器工具
イ	平場の脱泡 ・・・・・・	スパイラルローラー
ロ	プライマーの塗布 ・・・・	ウールローラー
ハ	仕上げ塗料の塗布 ・・・・	ゴムべら
ニ	防水層末端部のシール ・・	カートリッジガン

8 FRP防水工事の段取りとして、一般に、含まれないものはどれか。
    イ　下地の点検・確認
    ロ　電気配線図の確認
    ハ　工程及び施工手順の検討
    ニ　使用材料の確認及び工具の準備・点検

9 FRP防水工事に関する記述として、適切でないものはどれか。
    イ　プライマーの乾燥は、指触で確認する。
    ロ　立上がり及び役物は、平場より先に施工する。
    ハ　立上がりの防水層は、脱泡しなくてもよい。
    ニ　仕上げ塗料は、むらなく均一に塗る。

10 文中の(　)内に当てはまる数値として、適切なものはどれか。
日本建築学会建築工事標準仕様書(JASS)によれば、FRP防水工事における防水用ガラスマット相互の重ね幅は、(　)mm以上とされている。
    イ　30
    ロ　50
    ハ　80
    ニ　100

11 文中の(　)内に当てはまる語句として、適切なものはどれか。
FRP防水工事において、RC(現場打ち鉄筋コンクリート)下地の入隅形状は(　)がよい。
    イ　直角
    ロ　3〜5mmの面取り
    ハ　10〜30mmの面取り
    ニ　30〜50mmの面取り

12 FRP防水工事において、防水層の仕上げ塗料塗りの前に行う防水層表面の研磨処理に関する記述として、適切でないものはどれか。
　　イ　高速タイプのディスクサンダーを使用する。
　　ロ　先に塗布した防水用ポリエステル樹脂(トナー入り)が硬化していることを確認する。
　　ハ　防水層を削り過ぎないよう注意する。
　　ニ　突出しているガラス繊維を除去する。

13 防水用ポリエステル樹脂の硬化不良の原因として、当てはまらないものはどれか。
　　イ　硬化剤の調合ミスがあった。
　　ロ　樹脂塗布直後の降雨があった。
　　ハ　樹脂塗布直後の結露があった。
　　ニ　樹脂塗布直後の通風があった。

14 FRP防水層に発生する膨れの原因として、当てはまらないものはどれか。
　　イ　プライマー塗布後の時間の空けすぎ
　　ロ　下地の湿気
　　ハ　下地の油脂の除去不十分
　　ニ　防水層の上に重量物を置いた。

15 完成した防水層の上に、やむを得ず物を置く場合に使用する養生材料として、適切でないものはどれか。
　　イ　新聞紙
　　ロ　ゴムマット
　　ハ　ビニルシート
　　ニ　合板

16 一般に、ルーフドレンに使用されない材料はどれか。
　　イ　鋳鉄
　　ロ　ステンレス鋼
　　ハ　銅板
　　ニ　陶磁器

17 FRP防水を施工するコンクリート下地に関する記述として、適切でないものはどれか。
　　イ　表面に豆板がある。
　　ロ　表面仕上げが金ごて1回押え程度である。
　　ハ　所定の勾配となっている。
　　ニ　ひび割れがない。

[B群(多肢択一法)]

18 文中の( )内に当てはまる数値として、適切なものはどれか。
コンクリート打設後の乾燥期間は、一般に、冬期で( )週間程度以上の乾燥期間を取って、防水工事を行うことが多い。

　イ　1
　ロ　2
　ハ　3
　ニ　4

19 文中の( )内に当てはまる数値として、適切なものはどれか。
FRP防水において、一般に、単層用として使用される防水用ガラスマットの目付け量は( )g／m²である。

　イ　350
　ロ　380
　ハ　450
　ニ　480

20 FRP防水工事で使用される洗浄剤として、適切なものはどれか。

　イ　アセトン
　ロ　スチレン
　ハ　キシレン
　ニ　トルエン

21 文中の( )内に当てはまる数値として、適切なものはどれか。
日本建築学会建築工事標準仕様書(JASS)によれば、FRP防水工事において、トナーは、防水用ポリエステル樹脂に( )%程度を調合する。

　イ　0.5〜1
　ロ　2〜10
　ハ　15〜20
　ニ　30〜40

22 FRP防水工事において、一般に、入隅の面取り材料として、使用されないものはどれか。

　イ　木製面木
　ロ　ポリウレタン系シーリング材
　ハ　ポリエステル樹脂系パテ
　ニ　エポキシ樹脂系パテ

[B群(多肢択一法)]

23 一般に、アスファルト防水で使用される断熱材はどれか。
    イ　グラスウール
    ロ　ロックウール
    ハ　ポリエチレンフォーム
    ニ　硬質ウレタンフォーム

24 次のうち、シーリング工事では使用しない材料はどれか。
    イ　バックアップ材
    ロ　カートリッジガン
    ハ　マスキングテープ
    ニ　成形役物

25 文中の(　)内に当てはまる数値として、適切なものはどれか。
ウレタンゴム系塗膜防水工事における補強布の重ね幅は(　)mm程度である。
    イ　50
    ロ　100
    ハ　150
    ニ　200

平成 31 年度 技能検定
1 級 防水施工 学科試験問題
（FRP防水工事作業）

1. 試験時間　1 時間 40 分
2. 問題数 50 題(A 群 25 題、B 群 25 題)
3. 注意事項
   (1) 係員の指示があるまで、この表紙はあけないでください。
   (2) 答案用紙(真偽法と多肢択一法の併用)に検定職種名、作業名、級別、受検番号、氏名を必ず記入してください。
   (3) 係員の指示に従って、問題数を確かめてください。それらに異常がある場合は、黙って手を挙げてください。問題は A 群(真偽法)と B 群(多肢択一法)とに分かれています。
   (4) 試験開始の合図で始めてください。
   (5) 解答の方法(真偽法と多肢択一法の併用)は次のとおりです。
   　イ．A 群の問題(真偽法)は、一つ一つの問題の内容が正しいか、誤っているかを判断して解答してください。
   　ロ．B 群の問題(多肢択一法)は、正解と思うものを一つだけ選んで、解答してください。二つ以上に解答した場合は誤答となります。
   　ハ．答案用紙(マークシート用紙)へ解答する際は、答案用紙に記載されている注意事項に従ってください。
   　ニ．答案用紙の解答欄は、A 群の問題と B 群の問題とでは異なります。所定の解答欄に、試験問題の題数に応じて解答してください。解答欄は A 群は 50 題まで、B 群は 25 題まで解答できるようになっています。
   (6) 電子式卓上計算機その他これと同等の機能を有するものは、使用してはいけません。
   (7) 携帯電話等は、使用してはいけません。
   (8) 試験中、質問があるときは、黙って手を挙げてください。ただし、試験問題の内容、漢字の読み方等に関する質問にはお答えできません。
   (9) 試験終了時刻前に解答ができあがった場合は、黙って手を挙げて、係員の指示に従ってください。
   (10) 試験中に手洗いに立ちたいときは、黙って手を挙げて、係員の指示に従ってください。
   (11) 試験終了の合図があったら、筆記用具を置き、係員の指示に従ってください。

[A群(真偽法)]

1　建築物の外壁に使用されるカーテンウォールは、構造耐力を負担している。

2　鉄筋コンクリート造では、主として鉄筋が圧縮力を負担し、コンクリートが引張力を負担する。

3　日本工業規格(JIS)によれば、ALCパネルでの厚形パネルの形状による区分として、一般パネルとコーナーパネルに区分される。

4　建築基準法関係法令によれば、アスファルトは、耐水材料である。

5　労働安全衛生法関係法令によれば、つり足場の作業床は、幅を40cm以上とし、かつ、すき間がないようにしなければならない。

6　下地に突起物がある場合、ポリッシャーで除去するとよい。

7　施工面積が300m²程度のFRP防水工事において、防水用ポリエステル樹脂を調合する場合の硬化剤の計量には、ピペットが適している。

8　FRP防水工事において、金属下地の塗装材は、原則として除去する。

9　FRP防水工事において、木造住宅バルコニーにおける防水下地の勾配は、一般に、1／100以上にするとよい。

10　FRP防水層の表面処理(研磨)工程は、防水用ポリエステル樹脂(トナー入り)の塗布前に行う。

11　防水用ガラスマットの重ね合わせ部は、端部をほぐすと重ね部が目立ちにくい。

12　FRP防水工事において、防水用ガラスマットを2枚張りとする場合は、1枚ずつ含浸・脱泡するよりも2枚重ねて同時に含浸・脱泡する方がよい。

13　日本建築学会建築工事標準仕様書(JASS)によれば、FRP防水工事において、防水用ポリエステル樹脂硬化後の厚さは、平場で平均2.5mmとする。

14　FRP防水工事において、冬場などで硬化が遅い場合は、硬化剤を5%程度添加して硬化を速めて施工するとよい。

15　防水用ポリエステル樹脂の粘度が上がった場合は、アセトンを少量添加して施工するとよい。

[A群(真偽法)]

16　硬化剤を混合した防水用ポリエステル樹脂が缶に残った場合は、養生フィルムで密閉して硬化させるとよい。

17　防水工事における施工計画書は、施工要領書に基づき具体的に施工を行う際の手段・方法を明らかにしたものである。

18　打設直後のコンクリートは、一般に、強いアルカリ性を示す。

19　合成スラブは、ひび割れが発生しやすい下地である。

20　ALCパネル下地は、降雨などで濡れると乾燥しにくい。

21　FRP防水工事において、プライマーを塗布する主な目的は、下地のひび割れ追従性を高めるためである。

22　防食用ポリエステル樹脂は、防水用ポリエステル樹脂に比べて、硬化物の架橋密度が大きい。

23　 FRP防水に使用する防水用ガラスマットは、仕上塗料の色むら防止の下地材として使用される。

24　アスファルト防水の断熱露出工法には、押出法ポリスチレンフォーム系の断熱材が一般的に使用されている。

25　塩化ビニル樹脂系シート防水に使用する成形役物には、出隅角用と入隅角用とがある。

[B群(多肢択一法)]

1 文中の( )内に当てはまる数値として、正しいものはどれか。
　建築基準法関係法令によれば、鉄筋コンクリート造において、鉄筋に対するコンクリートのかぶり厚さは、耐力壁以外の壁又は床にあっては( )cm以上としなければならない。
　　イ　2
　　ロ　4
　　ハ　6
　　ニ　8

2 文中の( )内に当てはまる語句として、適切なものはどれか。
　水密コンクリートは、( )の非常に小さいコンクリートである。
　　イ　吸音性
　　ロ　断熱性
　　ハ　透水性
　　ニ　耐水性

3 日本工業規格(JIS)の建築製図通則によれば、下図の平面表示記号が表すものはどれか。
　　イ　両開きとびら
　　ロ　シャッター
　　ハ　引違い窓
　　ニ　出入口一般

4 消防法関係法令によれば、消火設備に含まれないものはどれか。
　　イ　スプリンクラー設備
　　ロ　泡消火設備
　　ハ　水バケツ
　　ニ　防火扉設備

5 文中の( )内に当てはまる数値として、正しいものはどれか。
　労働安全衛生法関係法令によれば、単管足場の壁つなぎ又は控えの設置間隔は、垂直方向( )m以下、水平方向5.5m以下としなければならない。
　　イ　5
　　ロ　7
　　ハ　10
　　ニ　14

[B群(多肢択一法)]

6 FRP防水工事に使用する器工具類と用途の組合せとして、適切でないものはどれか。

| | 器工具類 | 用途 |

イ ケレン棒 ・・・・・ 付着物の除去
ロ チョークリール ・・ 墨出し
ハ へら ・・・・・・ パテ処理
ニ ワイヤーブラシ ・・ 出隅の面取り

7 FRP防水工事における防水用ポリエステル樹脂の塗布用具として、一般に、適切でないものはどれか。

イ スモールローラー
ロ スパイラルローラー
ハ 毛ばけ
ニ ウールローラー

8 厚み12mmの合板2枚重ねの下地にFRP防水を施工する場合、下地に求められる条件として、適切でないものはどれか。

イ 上下の合板の目地が同じ位置に重なっている。
ロ 釘頭が飛び出ていない。
ハ 逆目釘かスクリュー釘で固定されている。
ニ 合板のジョイント部に浮きがない。

9 FRP防水工事において、トナー入り防水用ポリエステル樹脂を塗布する目的として、適切でないものはどれか。

イ 仕上塗料による隠蔽性を向上させる。
ロ 防水層の毛羽立ちや、はみ出たガラス繊維を発見しやすくさせる。
ハ 防水層のガラス繊維の凹凸を目立ちにくくさせる。
ニ 防水層のピンホールの発生を防止する。

10 FRP防水工事において、プライマーの塗布に関する注意点として、適切でないものはどれか。

イ 屋内等の風通しの悪い場所では、換気をよくして十分な乾燥時間をとる。
ロ 塗布面にプライマーの溜りが出来ないように、むらなく塗布する。
ハ 平場に塗布した後、立上り面に塗布する。
ニ プライマー塗布後、長期間放置しない。

11 文中の(　)内に当てはまる数値として、適切なものはどれか。
日本建築学会建築工事標準仕様書(JASS)によれば、FRP防水工事において、防水用ガラスマット相互の張付けでは、重ね幅は、(　)mm以上とする。
　　イ　30
　　ロ　50
　　ハ　80
　　ニ　100

12 FRP防水層の表面処理(研磨)作業に関する記述として、適切なものはどれか。
　　イ　削りかすは、清掃しなくてもよい。
　　ロ　ディスクサンダーは、低速タイプよりも高速タイプの方がよい。
　　ハ　削り過ぎに注意するとよい。
　　ニ　突出したガラス繊維は除去しない方がよい。

13 FRP防水工事において、一般に、使用するウレタン系プライマーが接着しにくい下地はどれか。
　　イ　鉄
　　ロ　コンクリート
　　ハ　合板
　　ニ　モルタル

14 FRP防水層の硬化不良の原因として、当てはまらないものはどれか。
　　イ　硬化剤の配合量が少なかった。
　　ロ　かくはんが不十分だった。
　　ハ　低湿度下で施工した。
　　ニ　水を添加した。

15 FRP防水層の浮きの原因として、当てはまらないものはどれか。
　　イ　プライマー塗布後、次の工程までの時間が長過ぎた。
　　ロ　下地コンクリートの乾燥が不十分であった。
　　ハ　仕上塗料の塗布量が不十分であった。
　　ニ　出入隅部の面取り処理に不備があった。

16 FRP防水工事において、防水用ポリエステル樹脂の混合・かくはんを行う床の養生に使用する資材として、適切なものはどれか。
　　イ　ダンボール
　　ロ　新聞紙
　　ハ　ポリエチレン製クロステープ
　　ニ　クラフトテープ

［B群(多肢択一法)］

17 FRP防水工事の施工計画書の記載内容と直接関係しないものはどれか。
 イ 施工範囲と面積の確認
 ロ 工事見積書の作成
 ハ 材料搬入方法の確認
 ニ 所要日数の算出

18 防水用ガラスマットの保管方法として、適切なものはどれか。
 イ ダンボールから出し、縦置きにする。
 ロ ダンボールから出し、横置きにする。
 ハ ダンボールに入れたまま、縦置きにする。
 ニ ダンボールに入れたまま、横置きにする。

19 防水工事において、コンクリート下地の不具合箇所の処理として、適切でないものはどれか。
 イ 表面のレイタンスは、サンダーで削り取った後、ポリマーセメントモルタルを塗って平坦に仕上げる。
 ロ 豆板は、サンダーで平坦に仕上げる。
 ハ 凹部は、ポリマーセメントモルタルを塗って平坦に仕上げる。
 ニ こてむらは、サンダーで平坦に仕上げる。

20 防水下地に関する記述として、適切でないものはどれか。
 イ デッキプレートに現場打ちしたコンクリートは、一般に、乾燥が遅い。
 ロ 現場打ちしたコンクリートの打継ぎ部には、ひび割れが発生しやすい。
 ハ ALCパネルは、複雑な勾配がとりにくい。
 ニ PCa(プレキャスト鉄筋コンクリート部材)は、一般に、複雑な勾配がとりやすい。

21 文中の( )内に当てはまる語句として、適切なものはどれか。
日本建築学会建築工事標準仕様書(JASS)によれば、FRP防水工事での入隅の形状は、( )がよい。
 イ 直角
 ロ 幅3〜5mmの面取り
 ハ 幅10〜30mmの面取り
 ニ 幅50〜70mmの面取り

22 文中の(   )内に当てはまる数値として、適切なものはどれか。
防水用ポリエステル樹脂の引張試験による破断時の伸び率は、一般に、(   )%程度
である。

    イ　　 5

    ロ　　50

    ハ　 150

    ニ　 300

23 文中の(   )内に当てはまる数値として、適切なものはどれか。
日本建築学会建築工事標準仕様書(JASS)によれば、FRP防水工事において、歩行用
仕上塗料の塗布量は、(   )kg／m²である。

    イ　 0.1

    ロ　 0.4

    ハ　 2.0

    ニ　 5.0

24 ケイ酸質系塗布防水で、一般に、使用されないポリマーはどれか。

    イ　エチレン酢酸ビニル樹脂系

    ロ　SBR系

    ハ　エポキシ樹脂系

    ニ　ポリアクリル酸エステル系

25 シート防水工事に使用する防水シートの種類と工法との組合せとして、適切でない
ものはどれか。

        防水シートの種類　　　　　　　　工法

    イ　加硫ゴム系シート ・・・・・・・・ 接着工法

    ロ　塩化ビニル樹脂系シート ・・・・・ 接着工法

    ハ　熱可塑性エラストマー系シート ・・・ 機械的固定工法

    ニ　エチレン酢酸ビニル樹脂系シート ・・ 機械的固定工法

平成 30 年度 技能検定
1 級 防水施工 学科試験問題
（FRP 防水工事作業）

1. 試験時間　1 時間 40 分
2. 問題数 50 題(A 群 25 題、B 群 25 題)
3. 注意事項
   (1) 係員の指示があるまで、この表紙はあけないでください。
   (2) 答案用紙(真偽法と多肢択一法の併用)に検定職種名、作業名、級別、受検番号、氏名を必ず記入してください。
   (3) 係員の指示に従って、問題数を確かめてください。それらに異常がある場合は、黙って手を挙げてください。問題は A 群(真偽法)と B 群(多肢択一法)とに分かれています。
   (4) 試験開始の合図で始めてください。
   (5) 解答の方法(真偽法と多肢択一法の併用)は次のとおりです。
   　イ．A 群の問題(真偽法)は、一つ一つの問題の内容が正しいか、誤っているかを判断して解答してください。
   　ロ．B 群の問題(多肢択一法)は、正解と思うものを一つだけ選んで、解答してください。二つ以上に解答した場合は誤答となります。
   　ハ．答案用紙(マークシート用紙)へ解答する際は、答案用紙に記載されている注意事項に従ってください。
   　ニ．答案用紙の解答欄は、A 群の問題と B 群の問題とでは異なります。所定の解答欄に、試験問題の題数に応じて解答してください。解答欄は A 群は 50 題まで、B 群は 25 題まで解答できるようになっています。
   (6) 電子式卓上計算機その他これと同等の機能を有するものは、使用してはいけません。
   (7) 携帯電話等は、使用してはいけません。
   (8) 試験中、質問があるときは、黙って手を挙げてください。ただし、試験問題の内容、漢字の読み方等に関する質問にはお答えできません。
   (9) 試験終了時刻前に解答ができあがった場合は、黙って手を挙げて、係員の指示に従ってください。
   (10) 試験中に手洗いに立ちたいときは、黙って手を挙げて、係員の指示に従ってください。
   (11) 試験終了の合図があったら、筆記用具を置き、係員の指示に従ってください。

[A群(真偽法)]

1　木構造の筋かいは、地震、風圧等の水平力に抵抗させるために取り付けられる。

2　下図の屋根の形状は、切妻である。

3　ALCパネルには、厚形パネルと薄形パネルがある。

4　建築基準法関係法令によれば、劇場は特殊建築物である。

5　労働安全衛生法関係法令によれば、移動はしごの幅は25cm以上としなければならない。

6　FRP防水工事において、脱泡には、一般に、ステッチャーローラーを使用する。

7　FRP防水工事において、貫通配管回りのプライマー塗布は、毛ばけを用いるとよい。

8　FRP防水工事において、下地のコンクリート表面にレイタンスがある場合には、プライマーの2度塗りを行うとよい。

9　FRP防水工事において、下地コンクリートに1.0mm以上のひび割れがある箇所は、パテで平坦(たん)にした後、幅100mm程度の防水用ガラスマットで増し張りを行うとよい。

10　FRP防水工事において、硬化剤を調合した防水用ポリエステル樹脂の残材には、水張りをするとよい。

11　夏場のFRP防水工事では、防水用ポリエステル樹脂の硬化剤の添加量は、0.5%とするとよい。

12　FRP防水工事において、下地の出隅が直角の場合は、ディスクサンダー等で面取りするとよい。

13　FRP防水工事の防水用ポリエステル樹脂の調合・かくはんにおいて、調合量は、塗布する面積を考慮する。

14　FRP防水工事において、夏場などの高温時にポリエステル系仕上げ塗料を塗ると、表面に硬化不良が発生することがある。

[A群(真偽法)]

15 FRP防水工事において、塗布した防水用ポリエステル樹脂の表面が、結露により白くなる場合がある。

16 FRP防水工事において、防水材の調合・かくはんを行う場所が施工範囲内にある場合、養生を行う必要はない。

17 工程表には、全体工程表のほか、週間・月間工程表や工種別工程表がある。

18 鉄筋コンクリート造の屋根にルーフドレンを固定する場合は、型枠に先付けしてからコンクリートを打設するとよい。

19 現場打ち鉄筋コンクリート下地で、スラブのスパン(梁間)が大きいときは、小梁の設置又はスラブ厚を増すなどの対策を施して、振動・たわみを低減させる。

20 木造住宅にFRP防水を適用する場合、下板は2枚以上張り、下板相互の目地が重なっていないことを確認する。

21 FRP防水工事で使用するポリエステル樹脂系仕上げ塗料の硬化剤は、有機過酸化物である。

22 FRP防水工事において、トナーは防水用ポリエステル樹脂に10〜20%程度調合して使用する。

23 FRP防水工事において、防水用ガラスマット#380には、青の色糸、もしくは青のラインが入っている。

24 改質アスファルトシートトーチ防水工法は、一般に、ルーフィング裏面の粘着層で下地に接着させる防水工法である。

25 塩化ビニル樹脂系シート防水における成形役物は、一般に、出入隅角に使用されている。

[B群(多肢択一法)]

1　下図の建築物の階段において、蹴込み板を表すものはどれか。

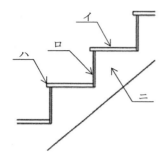

2　文中の(　　)内に当てはまる数値として、正しいものはどれか。
　　日本工業規格(JIS)によれば、レディーミクストコンクリートの運搬時間は、生産者が練混ぜを開始してから運搬車が荷卸し地点に到着する時間とし、その時間は(　　)時間以内とする。
　　　イ　1
　　　ロ　1.5
　　　ハ　2
　　　ニ　2.5

3　日本工業規格(JIS)の建築製図通則によれば、下図の材料構造表示記号が表すものとして、正しいものはどれか。
　　　イ　軽量壁一般
　　　ロ　普通ブロック壁
　　　ハ　軽量ブロック壁
　　　ニ　コンクリート及び鉄筋コンクリート

4　文中の(　　)内に当てはまる語句として、正しいものはどれか。
　　建築基準法関係法令によれば、耐火構造建築物の屋根は、(　　)以上の耐火性能を有しなければならない。
　　　イ　30分間
　　　ロ　1時間
　　　ハ　2時間
　　　ニ　3時間

[B群(多肢択一法)]

5 文中の(   )内に当てはまる数値として、正しいものはどれか。
 労働安全衛生法関係法令によれば、脚立は、脚と水平面との角度を(   )度以下とする。
   イ　30
   ロ　45
   ハ　60
   ニ　75

6 FRP防水工事で使用する器工具と作業の組合せとして、適切でないものはどれか。
  　　　　器工具　　　　　　　作業
   イ　スイーパー ・・・・ 脱泡作業
   ロ　台秤（ばかり）・・・・・・ 樹脂の計量
   ハ　メスシリンダー ・・ 硬化剤の計量
   ニ　はさみ ・・・・・・ 補強材の裁断

7 FRP防水工事において、仕上げ塗りの前工程で行う研磨作業で使用する器工具として、適切でないものはどれか。
   イ　サンダー
   ロ　ポリシャー
   ハ　サンドペーパー
   ニ　デッキブラシ

8 FRP防水工事において、下地清掃に関する記述として、適切でないものはどれか。
   イ　パラペット天端のごみは、内側へ掃き落とす。
   ロ　ほうきで掃ききれない微細なほこりの清掃には、ブロアー又は掃除機を使用する。
   ハ　モルタルのこぼれは、ケレン棒で取り除く。
   ニ　掃き掃除は、風下から風上側に行う。

9 FRP防水工事において、並列する貫通配管相互の間隔として、適切なものはどれか。
   イ　25mm以上
   ロ　50mm以上
   ハ　75mm以上
   ニ　100mm以上

10 FRP防水工事において、平場での防水用ガラスマット相互の重ね幅として、適切なものはどれか。
   イ　50mm以上
   ロ　80mm以上
   ハ　100mm以上
   ニ　150mm以上

11 文中の(　　)内に当てはまる数値として、適切なものはどれか。
　　日本建築学会建築工事標準仕様書(JASS)によれば、FRP防水工事において、下地が現場打ち鉄筋コンクリートでの軽歩行用仕上げ塗料の塗布量は(　　)kg／m²である。
　　　イ　0.1
　　　ロ　0.2
　　　ハ　0.3
　　　ニ　0.4

12 FRP防水工事において、プライマーの塗布に関する注意点として、適切でないものはどれか。
　　　イ　沈降している成分がある場合は、塗布する前にプライマーの缶をよく振って、沈降している成分をかくはんする。
　　　ロ　塗布面にプライマーの溜まりができないように、むらなく塗布する。
　　　ハ　平場に塗布した後、立上がり面に塗布する。
　　　ニ　プライマーの塗布範囲は、塗布したプライマーの接着可能時間内に防水用ポリエステル樹脂が塗布できる範囲とする。

13 FRP防水層の不具合とその原因との組合せとして、適切でないものはどれか。
　　　　　不具合　　　　　　原因
　　　イ　剥離　・・・・　下地が清掃不足だった。
　　　ロ　破断　・・・・　仕上げ塗料の塗りむらがあった。
　　　ハ　硬化不良　・・　かくはんが十分でなかった。
　　　ニ　膨れ　・・・・　下地が乾燥不足だった。

14 防水用ガラスマットを2枚積層したFRP防水層に発生した層間剥離の原因として、当てはまらないものはどれか。
　　　イ　1層目の表面の研磨
　　　ロ　1層目と2層目の塗継ぎ時間間隔の空けすぎ
　　　ハ　1層目の表面の汚れ
　　　ニ　1層目の表面の濡れ

15 FRP防水層に発生した硬化不良の原因として、当てはまらないものはどれか。
　　　イ　防水用ポリエステル樹脂への硬化剤の入れ過ぎ
　　　ロ　防水用ポリエステル樹脂と硬化剤のかくはん不備
　　　ハ　防水材塗布後、未硬化時の降雨
　　　ニ　防水材塗布後、未硬化時の通風不足

［B群(多肢択一法)］

16 文中の( )内に当てはまる語句の組合せとして、適切なものはどれか。
完成したFRP防水層の上に、やむを得ず物を置く場合は、(①)を敷き、その上に(②)を並べて養生する。

             ①   ②
  イ 養生用シート ・・ 段ボール
  ロ 段ボール ・・・・ 合板
  ハ 段ボール ・・・・ 養生用シート
  ニ 養生用シート ・・ 合板

17 FRP防水工事に使用する材料のうち、消防法関係法令における危険物第五類第二種の自己反応性物質に指定されているものはどれか。
  イ 防水用ポリエステル樹脂
  ロ 硬化剤
  ハ プライマー
  ニ 仕上げ塗料

18 FRP防水工事において、冬期の施工計画として、適切でないものはどれか。
  イ コンクリートスラブの乾燥期間をスラブ打設後、2週間程度とした。
  ロ プライマーの乾燥時間を、2時間程度とした。
  ハ 防水用ポリエステル樹脂の硬化時間を、3時間程度とした。
  ニ 仕上げ塗料の乾燥時間を、3時間程度とした。

19 FRP防水工事における木質系下地の状態として、適切でないものはどれか。
  イ 下地の勾配は1／100以上である。
  ロ 防水下地の立上がり高さは、壁面との取り合いが、開口部の下端で120mm以上、それ以外の部分で250mm以上である。
  ハ 水切り金物が取り付けられている。
  ニ 入隅は、面木又はパテにより面取り又はR面にされている。

20 現場打ちコンクリートスラブの特徴に関する記述として、適切なものはどれか。
  イ デッキプレート型枠に打設された場合は、乾燥しやすい。
  ロ スラブ内に配管が打ち込まれている場合は、ひび割れが発生しにくい。
  ハ コンクリートの打ち継ぎ部は、ひび割れが発生しやすい。
  ニ スラブ下に断熱材がある場合は、乾燥しやすい。

21 コンクリート下地の乾燥状態を確認する方法として、適切でないものはどれか。
  イ コンクリートの表面を水分計で測定する。
  ロ コンクリートの表面を温度計で測定する。
  ハ 1m×1m程度のシートの四周をテープ張りし、一昼夜放置して、シート裏面の結露状態を確認する。
  ニ 表面が白っぽくなっていることを目視で確認する。

22 FRP防水工事において、トナー入りの樹脂を使用する目的として、誤っているものはどれか。

    イ　仕上げ塗料の仕上がり性の向上

    ロ　防水用ガラスマットの毛羽立ちをわかりやすくする。

    ハ　施工中の塗り忘れの防止

    ニ　層間剥離の防止

23 文中の(　　　)内に当てはまる数値として、適切なものはどれか。

標準状態における防水用ポリエステル樹脂の引張り試験による破断時の伸び率は、一般に、(　　　)%程度である。

    イ　　10

    ロ　　50

    ハ　　150

    ニ　　200

24 シーリング工事に関する記述として、適切なものはどれか。

    イ　バックアップ材は、シーリング材の目地深さを所定の寸法に保持するために使用する。

    ロ　プライマー塗布後、直ちにシーリング材を充填する。

    ハ　マスキングテープは、シーリング材が完全に硬化した後に除去する。

    ニ　2成分形シーリング材は、湿気硬化形である。

25 シート防水工法において、一般に、ポリマーセメントペーストを使用して張り付けるシートはどれか。

    イ　加硫ゴム系シート

    ロ　塩化ビニル樹脂系シート

    ハ　ポリオレフィン樹脂系シート

    ニ　エチレン酢酸ビニル樹脂系シート

令和2年度 技能検定
2級 防水施工 学科試験問題
（塩化ビニル系シート防水工事作業）

1. 試験時間　1時間40分
2. 問題数　　50題(A群25題、B群25題)
3. 注意事項
   （1）　係員の指示があるまで、この表紙はあけないでください。
   （2）　答案用紙(真偽法と多肢択一法の併用)に検定職種名、作業名、級別、受検番号、氏名を必ず記入してください。
   （3）　係員の指示に従って、問題数を確かめてください。それらに異常がある場合は、黙って手を挙げてください。問題はA群(真偽法)とB群(多肢択一法)とに分かれています。
   （4）　試験開始の合図で始めてください。
   （5）　解答の方法(真偽法と多肢択一法の併用)は次のとおりです。
   　　イ．　A群の問題(真偽法)は、一つ一つの問題の内容が正しいか、誤っているかを判断して解答してください。
   　　ロ．　B群の問題(多肢択一法)は、正解と思うものを一つだけ選んで、解答してください。二つ以上に解答した場合は誤答となります。
   　　ハ．　答案用紙(マークシート用紙)へ解答する際は、答案用紙に記載されている注意事項に従ってください。
   　　ニ．　答案用紙の解答欄は、A群の問題とB群の問題とでは異なります。所定の解答欄に、試験問題の題数に応じて解答してください。解答欄はA群は50題まで、B群は25題まで解答できるようになっています。
   （6）　電子式卓上計算機その他これと同等の機能を有するものは、使用してはいけません。
   （7）　携帯電話、スマートフォン、ウェアラブル端末等は、使用してはいけません。
   （8）　試験中、質問があるときは、黙って手を挙げてください。ただし、試験問題の内容、漢字の読み方等に関する質問にはお答えできません。
   （9）　試験終了時刻前に解答ができあがった場合は、黙って手を挙げて、係員の指示に従ってください。
   （10）　試験中に手洗いに立ちたいときは、黙って手を挙げて、係員の指示に従ってください。
   （11）　試験終了の合図があったら、筆記用具を置き、係員の指示に従ってください。

[A群（真偽法）]

1 鉄骨鉄筋コンクリート造は、鉄骨骨組の周りに鉄筋を配し、コンクリートを打ち込んだ構造である。

2 日本産業規格(JIS)によれば、フレッシュコンクリートとは、まだ固まらない状態にあるコンクリートをいう。

3 日本産業規格(JIS)の建築製図通則によれば、次は、片開き窓を表す平面表示記号である。

⊐ | ⊏

4 建築基準法関係法令によれば、屋外階段は、建築物の主要構造部に含まれない。

5 労働安全衛生法関係法令によれば、事業者は、3m以上の高所から物体を投下するときは、適当な投下設備を設け、監視人を置く等労働者の危険を防止するための措置を講じなければならない。

6 塩化ビニル樹脂系シート防水工事において、チョークリールは、シートの割付けなどの墨線を付けるのに用いる。

7 塩化ビニル樹脂系シート防水工事(接着工法)において、プライマーを塗布する場合は、ウールローラーを使用する。

8 塩化ビニル樹脂系シート防水工事において、下地の出隅は、通り良く直角とする。

9 日本建築学会建築工事標準仕様書(JASS)によれば、塩化ビニル樹脂系シート防水工事は、雪下ろしを行う屋根には適用しない。

10 塩化ビニル樹脂系シート防水工事(機械的固定工法)において、固定金具の固定用アンカーを打ち込むための下地の穿孔は、電動ドリルを垂直にして行う。

11 塩化ビニル樹脂系シート防水工事(接着工法)において、張り付けたシートを転圧する主な目的は、シートの裏面に接着剤を均一に広げることである。

12 塩化ビニル樹脂系シート防水工事(接着工法)の立上り防水層の末端部を固定する押え金物のビス間隔は、600mm程度とする。

13 塩化ビニル樹脂系シート防水工事(機械的固定工法)において、入隅の固定金具の継手部には、目地テープを張り付ける。

［A群（真偽法）］

14 塩化ビニル樹脂系シート防水工事(接着工法)の断熱工法において、平場の断熱材は、水上から張り付けるとよい。

15 塩化ビニル樹脂系シート防水工事(接着工法)における断熱工法では、一般に、立上り際に固定金具を使用する。

16 塩化ビニル樹脂系シート防水工事において、溶着剤は、シートの接合部以外の部分に垂らさないように注意する。

17 塩化ビニル樹脂系防水シート相互の接合部の接合作業において、ごみが付着していると接合不良になりやすい。

18 塩化ビニル樹脂系シート防水工事では、一般に、仕上げ塗料の塗布を行わない。

19 塩化ビニル樹脂系シート防水工事(接着工法)において、コンクリート下地の豆板は、補修する必要はない。

20 塩化ビニル樹脂系シート防水工事(接着工法)において、下地のレイタンスは、撤去せずに接着剤を塗布するとよい。

21 現場打ちコンクリートスラブの下に断熱材がある場合は、断熱材がない場合よりも乾燥しやすい。

22 塩化ビニル樹脂系シート防水工事(接着工法)において、ALCパネル下地の場合は、プライマーの塗布が必要である。

23 塩化ビニル樹脂系シート防水工事(接着工法)において、平場にエポキシ樹脂系接着剤を使用する場合は、下地面のみに接着剤を塗布する。

24 アスファルト防水工事は、メンブレン防水工事に含まれない。

25 シーリング防水工事で使用するマスキングテープは、主として、目地周辺の汚れを防止するために使用する。

［B群（多肢択一法）］

1 躯体工事に含まれないものはどれか。
  イ　給排水工事
  ロ　鉄骨工事
  ハ　鉄筋工事
  ニ　コンクリート工事

2 下図の屋根形状のうち、寄棟屋根を表すものはどれか。

  イ   ロ   ハ   ニ

3 日本産業規格(JIS)の建築製図通則によれば、次の材料構造表示記号が表すものはどれか。
  イ　地盤
  ロ　石材又はぎ石
  ハ　タイル又はテラコッタ
  ニ　コンクリート及び鉄筋コンクリート

4 建築基準法関係法令において、不燃材料に含まれないものはどれか。
  イ　合板
  ロ　コンクリート
  ハ　モルタル
  ニ　アルミニウム

5 文中の(　　)内に当てはまる数値として、正しいものはどれか。
 酸素欠乏症等防止規則によれば、酸素欠乏とは、空気中の酸素の濃度が(　　)%未満である状態をいう。
  イ　18
  ロ　21
  ハ　24
  ニ　27

6 塩化ビニル樹脂系シート防水工事において、シートの裁断時に使用しない器工具はどれか。
  イ　はさみ
  ロ　カッターナイフ
  ハ　定規
  ニ　金のこ

［B群（多肢択一法）］

7 文中の（　）内に当てはまる語句として、適切なものはどれか。
　　塩化ビニル樹脂系シート防水工事において、シート相互の接合部を融着による接合とする場合、（　）を使用する。
　　　イ　高周波水分計
　　　ロ　熱風溶接機
　　　ハ　振動ドリル
　　　ニ　誘導加熱装置

8 塩化ビニル樹脂系シート防水工事で使用する材料の保管に関する記述として、適切でないものはどれか。
　　　イ　シートは、縦置きとする。
　　　ロ　材料の搬入に当たっては、搬入日や搬入方法等について十分な打合せを行う。
　　　ハ　材料は、火気を使用しない場所で保管する。
　　　ニ　有機溶剤を含む接着剤は、消防法の規制を受ける。

9 塩化ビニル樹脂系シート防水工事(接着工法)において、下地の状態に関し、特に確認する必要がないものはどれか。
　　　イ　モルタルのこぼれ
　　　ロ　表面の突起
　　　ハ　乾燥の状態
　　　ニ　ビスの引抜き強度

10 塩化ビニル樹脂系シート防水工事(機械的固定工法)における、固定金具の継手部の施工方法として、適切なものはどれか。
　　　イ　固定金具相互の端部を、50mm程度重ねる。
　　　ロ　固定金具相互は、隙間をあけずに突付けとする。
　　　ハ　固定金具相互の間に、5mm程度の隙間をあける。
　　　ニ　固定金具相互の間に、50mm程度の隙間をあける。

11 塩化ビニル樹脂系シート防水工事の出入隅角における、成形役物の一般的な使用方法として、適切なものはどれか。
　　　イ　平場と立上りのシートを張った後に、成形役物を張る。
　　　ロ　平場と立上りのシートを張る前に、成形役物を張る。
　　　ハ　平場と立上りのシートを張る前と後に、成形役物を二重に張る。
　　　ニ　平場のシートを張った後に成形役物を張り、立上りのシートをその後から張る。

12 文中の(　)内に当てはまる数値として、適切なものはどれか。

日本建築学会建築工事標準仕様書(JASS)によれば、塩化ビニル樹脂系シート防水工事におけるシート相互の接合幅は、(　)mmとされている。

イ　20

ロ　40

ハ　60

ニ　80

13 文中の(　)内に当てはまる数値として、適切なものはどれか。

日本建築学会建築工事標準仕様書(JASS)によれば、塩化ビニル樹脂系シート防水工事(接着工法)において、ALCパネルの目地処理は、幅(　)mm程度の絶縁用テープを用いて行う。

イ　50

ロ　80

ハ　100

ニ　150

14 文中の(　)内に当てはまる数値として、適切なものはどれか。

塩化ビニル樹脂系シート防水工事(接着工法)において、コンクリート下地の場合、下地面とシート裏面を合わせたニトリルゴム系接着剤の使用量は、一般に、(　)kg/m² 程度とする。

イ　0.1

ロ　0.2

ハ　0.4

ニ　0.8

15 塩化ビニル樹脂系シート防水工事における、シール材に関する記述として、適切でないものはどれか。

イ　テープ状シール材は、ブチルゴム系である。

ロ　液状シール材は、シートと同質の材料を溶剤に溶解したものである。

ハ　不定形シール材には、ポリウレタン系や変成シリコーン系などがある。

ニ　液状シール材は、充填した後にへらで押さえて接着させる。

16 文中の(　)内に当てはまる語句として、適切なものはどれか。

塩化ビニル樹脂系シート防水工事(接着工法)において、PCa(プレキャスト鉄筋コンクリート部材)下地の継手目地部には、平場のシートの張付けに先立ち、(　)などを行う。

イ　プライマー処理

ロ　断熱処理

ハ　接着剤処理

ニ　絶縁処理

［B群（多肢択一法）］

17 塩化ビニル樹脂系シート防水工事における、シート相互を溶剤溶着により接合する場合の施工方法として、適切なものはどれか。
  イ 下側のシートと上側のシートのそれぞれに溶着剤を塗り、完全に乾燥させてから圧着する。
  ロ 下側のシートと上側のシートのそれぞれに溶着剤を塗り、べとつく程度の状態で圧着する。
  ハ 下側のシートと上側のシートのいずれかに溶着剤を塗り、圧着する。
  ニ 下側のシートと上側のシートの間に溶着剤を含ませた小ばけを差し込み、両側のシートに溶着剤を塗りながら圧着する。

18 塩化ビニル樹脂系シート防水層に損傷を与えた場合の補修方法に関する記述として、適切なものはどれか。
  イ 損傷箇所に保護塗料を塗布した。
  ロ 損傷箇所を覆うように、塩化ビニル樹脂系シートを溶着して張り付けた。
  ハ 損傷箇所にシーリング材を塗布した。
  ニ 損傷箇所にテープ状シール材を張り付けた。

19 塩化ビニル樹脂系シート防水工事(接着工法)において、シートの張付け中に降雨により作業を中断する場合におけるシートの端部の養生方法として、適切なものはどれか。
  イ 端部にシーリング材を充填する。
  ロ 端部を覆うように合板を敷き並べる。
  ハ 端部にプライマーを塗布する。
  ニ 端部を転圧する。

20 塩化ビニル樹脂系シート防水工事における、ALCパネル下地に関する一般的な記述として、適切でないものはどれか。
  イ 壁面パネルとの取合い部に双方の異なる動きが生じる。
  ロ 表面の強度が高く、損傷しにくい。
  ハ 降雨などにより濡れた場合は、乾燥しにくい。
  ニ 複雑な勾配をとりにくい。

21 日本産業規格(JIS)によれば、合成高分子系ルーフィングシートの製品の包装に表示する必要がない事項はどれか。
  イ 寸法(厚さ、幅及び長さ)
  ロ シート相互の接合方法
  ハ 規格名称
  ニ 使用期限

22　文中の(　　)内に当てはまる数値として、適切なものはどれか。
　　　日本産業規格(JIS)によれば、塩化ビニル樹脂系シート防水工事で使用する均質シートの厚さは、(　　)mm以上とされている。
　　　イ　0.8
　　　ロ　1.0
　　　ハ　1.5
　　　ニ　2.0

23　塩化ビニル樹脂系シートの特性として、適切でないものはどれか。
　　　イ　有機溶剤に侵されない。
　　　ロ　シート相互の接合部が一体化する。
　　　ハ　自己消火性がある。
　　　ニ　耐摩耗性に優れている。

24　ウレタンゴム系塗膜防水工事において、使用しない材料はどれか。
　　　イ　ガラス繊維の織布
　　　ロ　合成繊維の織布
　　　ハ　砂付アスファルトルーフィング
　　　ニ　通気緩衝シート

25　シーリング防水工事における、ボンドブレーカーの使用目的として、適切なものはどれか。
　　　イ　シーリング材を3面接着させないため。
　　　ロ　シーリング材の目地からの膨れを防止するため。
　　　ハ　シーリング材への目地下地の水分の影響をなくすため。
　　　ニ　シーリング材の厚みを一定に保たせるため。

令和元年度 技能検定
2級 防水施工 学科試験問題
（塩化ビニル系シート防水工事作業）

1. 試験時間　　1時間40分
2. 問題数　　　50題(A群25題、B群25題)
3. 注意事項
   （1）　係員の指示があるまで、この表紙はあけないでください。
   （2）　答案用紙(真偽法と多肢択一法の併用)に検定職種名、作業名、級別、受検番号、氏名を必ず記入してください。
   （3）　係員の指示に従って、問題数を確かめてください。それらに異常がある場合は、黙って手を挙げてください。問題はA群(真偽法)とB群(多肢択一法)とに分かれています。
   （4）　試験開始の合図で始めてください。
   （5）　解答の方法(真偽法と多肢択一法の併用)は次のとおりです。
   　　イ．　A群の問題(真偽法)は、一つ一つの問題の内容が正しいか、誤っているかを判断して解答してください。
   　　ロ．　B群の問題(多肢択一法)は、正解と思うものを一つだけ選んで、解答してください。二つ以上に解答した場合は誤答となります。
   　　ハ．　答案用紙(マークシート用紙)へ解答する際は、答案用紙に記載されている注意事項に従ってください。
   　　ニ．　答案用紙の解答欄は、A群の問題とB群の問題とでは異なります。所定の解答欄に、試験問題の題数に応じて解答してください。解答欄はA群は50題まで、B群は25題まで解答できるようになっています。
   （6）　電子式卓上計算機その他これと同等の機能を有するものは、使用してはいけません。
   （7）　携帯電話等は、使用してはいけません。
   （8）　試験中、質問があるときは、黙って手を挙げてください。ただし、試験問題の内容、漢字の読み方等に関する質問にはお答えできません。
   （9）　試験終了時刻前に解答ができあがった場合は、黙って手を挙げて、係員の指示に従ってください。
   （10）　試験中に手洗いに立ちたいときは、黙って手を挙げて、係員の指示に従ってください。
   （11）　試験終了の合図があったら、筆記用具を置き、係員の指示に従ってください。

[A群(真偽法)]

1 鉄骨鉄筋コンクリート造は、鉄骨骨組の周りに鉄筋を配してコンクリートを打設した構造である。

2 日本工業規格(JIS)によれば、フレッシュコンクリートとは、まだ固まらない状態にあるコンクリートをいう。

3 日本工業規格(JIS)によれば、次は、両開きとびらを表す平面表示記号である。

4 建築基準法関係法令によれば、屋外階段は、建築物の主要構造部に含まれない。

5 労働安全衛生法関係法令によれば、つり足場の上では、脚立を用いて作業してもよい。

6 塩化ビニル樹脂系シート防水工事において、チェック棒は、シート相互の接合部に口あきなどがないかを確認するのに使用される。

7 塩化ビニル樹脂系シート防水工事において、コーキングガンは、テープ状シール材を施工するのに使用する。

8 塩化ビニル樹脂系シート防水工事において、下地の出隅は、通り良く直角とする。

9 塩化ビニル樹脂系シート防水工事において、コンクリート下地にレイタンスがある場合は、サンダーなどで削り取った後、ポリマーセメントモルタル又はポリマーセメントペーストなどを塗って平たんに仕上げるとよい。

10 塩化ビニル樹脂系シート防水工事において、熱風溶接機によるシート溶接時の熱風の温度は、100℃程度がよい。

11 塩化ビニル樹脂系シート防水工事(機械的固定工法)において、固定金具の固定用アンカーを打ち込むための下地の穿孔は、電動ドリルを垂直にして行う。

12 塩化ビニル樹脂系シート防水工事(機械的固定工法)の断熱工法において、絶縁用シートを使用する主な目的は、断熱材への塩化ビニル樹脂系シートの可塑剤の移行を防止することである。

13 塩化ビニル樹脂系シート防水工事において、出入隅角におけるシートへの成形役物の取付けは、熱風融着によって行う。

[A群(真偽法)]

14 塩化ビニル樹脂系シート防水工事(接着工法)において、張り付けたシートを転圧する主な目的は、シートの裏面に接着剤を均一に広げることである。

15 塩化ビニル樹脂系シート防水工事において、防水層の末端部に押え金物を取り付ける場合、押え金物を下地に固定するビスの間隔は、1m程度がよい。

16 塩化ビニル樹脂系シート防水工事において、シート相互の接合部に生じた口あきを補修する場合は、一般に、溶着剤を含ませた小ばけを口あきの箇所に差し込んで溶着するとよい。

17 塩化ビニル樹脂系シート防水工事において、溶着剤は、シートの接合部以外の部分に垂らさないように注意する。

18 塩化ビニル樹脂系シート防水工事において、施工後に防水層の上を通路として使用する場合は、防水層の上に養生用シートを敷き、さらにその上に合板などを敷き並べて養生するとよい。

19 塩化ビニル樹脂系シート防水工事(接着工法)において、コンクリート下地の豆板は、補修する必要はない。

20 打設直後のコンクリートは、強い酸性を示す。

21 塩化ビニル樹脂系シート防水工事において、コンクリート下地の勾配は、一般に、1／200程度とする。

22 塩化ビニル樹脂系シート防水工事(接着工法)において、ALCパネル下地の場合は、プライマーの塗布が必要である。

23 塩化ビニル樹脂系防水シートには、一般に、自己消火性がある。

24 アスファルト防水工事は、メンブレン防水工事に含まれない。

25 シーリング防水工事において、バックアップ材は、目地に充填されたシーリング材の3面接着を確保するために使用する。

[B群(多肢択一法)]

1 躯体工事に含まれないものはどれか。
  イ　給排水工事
  ロ　鉄骨工事
  ハ　鉄筋工事
  ニ　コンクリート工事

2 下図の屋根形状のうち、寄棟屋根を表すものはどれか。

  イ   ロ   ハ   ニ

3 日本工業規格(JIS)によれば、次の材料構造表示記号が表すものはどれか。
  イ　コンクリート
  ロ　地盤
  ハ　石材又はぎ石
  ニ　タイル又はテラコッタ

4 建築基準法関係法令によれば、不燃材料に含まれないものはどれか。
  イ　合板
  ロ　コンクリート
  ハ　モルタル
  ニ　アルミニウム

5 文中の(　　)内に当てはまる数値として、正しいものはどれか。
 労働安全衛生法関係法令によれば、事業者は、屋内に設ける通路については、通路面から高さ(　　)m以内に障害物を置かないことと規定されている。
  イ　1.8
  ロ　2.8
  ハ　3.8
  ニ　4.8

6 塩化ビニル樹脂系シート防水工事(接着工法)において、平場に張り付けたシートを転圧するのに使用する工具はどれか。
  イ　金ごて
  ロ　スイーパー
  ハ　ゴムベラ
  ニ　大ローラー

［B群(多肢択一法)］

7 塩化ビニル樹脂系シート防水工事(機械的固定工法)において、一般に、使用しない工具はどれか。
    イ　やすり
    ロ　金切りばさみ
    ハ　半どうこ
    ニ　電動ドライバー

8 塩化ビニル樹脂系シート防水工事における、下地の清掃方法に関する記述として、適切でないものはどれか。
    イ　パラペットの天端は、ごみを外側へ掃き落として清掃する。
    ロ　掃き掃除は、風上から風下に向かって行う。
    ハ　入隅部は、毛ばけを使用して清掃する。
    ニ　ほうきで掃ききれない微細なほこりは、掃除機を使用して清掃する。

9 塩化ビニル樹脂系シート防水工事(接着工法)において、下地の状態に関して、特に確認する必要がないものはどれか。
    イ　モルタルのこぼれ
    ロ　表面の突起
    ハ　乾燥具合
    ニ　ビスの引抜き強度

10 塩化ビニル樹脂系シート防水工事において、シート相互を溶剤溶着により接合する場合の施工方法として、適切なものはどれか。
    イ　下側のシートと上側のシートのそれぞれに溶着剤を塗り、完全に乾燥させてから圧着する。
    ロ　下側のシートと上側のシートのそれぞれに溶着剤を塗り、べとつく程度の状態で圧着する。
    ハ　下側のシートと上側のシートのいずれかに溶着剤を塗り、圧着する。
    ニ　下側のシートと上側のシートの間に溶着剤を含ませたはけを差し込み、両側のシートに溶着剤を塗りながら圧着する。

11 塩化ビニル樹脂系シート防水工事(機械的固定工法)における、固定金具の継手部の施工方法として、適切なものはどれか。
    イ　固定金具相互の端部を、50mm程度重ねる。
    ロ　固定金具相互は、隙間をあけずに突付けとする。
    ハ　固定金具相互の間に、5mm程度の隙間をあける。
    ニ　固定金具相互の間に、50mm程度の隙間をあける。

12 文中の(   )内に当てはまる数値として、適切なものはどれか。

　　塩化ビニル樹脂系シート防水工事(接着工法)において、下地にシートを接着する際の接着剤の使用量は、一般に、(   )kg／m²程度とする。

　　イ　0.1
　　ロ　0.2
　　ハ　0.4
　　ニ　0.8

13 塩化ビニル樹脂系シート防水工事(機械的固定工法)において、一般に、固定金具を使用しなくてもよい部位はどれか。

　　イ　床面
　　ロ　ドレン回り
　　ハ　出隅
　　ニ　パラペットのあご下における防水層の末端部

14 塩化ビニル樹脂系シート防水工事における、シートの接合段差部への液状シール材の充填に関する記述として、適切でないものはどれか。

　　イ　段差部から盛り上がる程度の量を充填する。
　　ロ　むらにならないように充填する。
　　ハ　シール材充填用容器のノズルの先端が、シートの段差部から外れないようにする。
　　ニ　充填後、速やかにヘラで均す。

15 塩化ビニル樹脂系シート防水工事(接着工法)において、ニトリルゴム系接着剤を用いて平場にシートを張り付ける場合の施工方法に関する記述として、適切でないものはどれか。

　　イ　シートは、裏面に接着剤を塗布する前に、下地の墨に合わせて敷き並べる。
　　ロ　シートへの接着剤の塗布は、シートの裏面全体に行う。
　　ハ　シートは、塗布した接着剤が指触乾燥状態となってから下地に張り付ける。
　　ニ　シート相互の重ね幅は、40mm以上確保する。

16 塩化ビニル樹脂系シート防水工事(機械的固定工法)において、使用しない材料はどれか。

　　イ　脱気装置
　　ロ　目地テープ
　　ハ　防湿用フィルム
　　ニ　防水用ガラスマット

［B群(多肢択一法)］

17　塩化ビニル樹脂系シート防水工事における、シート相互の3枚重ね部の処理として、適切なものはどれか。
　　　イ　シート相互を、溶剤溶着で接合する。
　　　ロ　シートの段差部に、不定形シール材を充填する。
　　　ハ　シートの段差部に、定形シール材を張り付ける。
　　　ニ　熱風溶接機を使用し、シートの段差部をつぶす。

18　塩化ビニル樹脂系シート防水層のシート相互の接合部に、口あきが生じる原因とならないものはどれか。
　　　イ　溶着剤の不足
　　　ロ　熱風融着後の降雨
　　　ハ　転圧の不足
　　　ニ　接合面の水分

19　塩化ビニル樹脂系シート防水工事(接着工法)において、シートの張付け中に降雨により作業を中断する場合におけるシートの端部の養生方法として、適切なものはどれか。
　　　イ　端部にシーリング材を充填する。
　　　ロ　端部を覆うように合板を敷き並べる。
　　　ハ　端部にプライマーを塗布する。
　　　ニ　端部を転圧する。

20　塩化ビニル樹脂系シート防水工事における、ALCパネル下地に関する一般的な記述として、適切でないものはどれか。
　　　イ　パネルの継手目地部(支持部)に、大きな動きが生じやすい。
　　　ロ　表面強度が高く、損傷しにくい。
　　　ハ　降雨などにより濡れた場合は、乾燥しにくい。
　　　ニ　複雑な勾配を取りにくい。

21　文中の(　　)内に当てはまる語句として、適切なものはどれか。
　　　塩化ビニル樹脂系シート防水工事において、液状シール材は、シートと同質の材料を(　　)溶かしたものである。
　　　イ　有機溶剤に
　　　ロ　水に
　　　ハ　熱で
　　　ニ　接着剤に

22 日本工業規格(JIS)によれば、合成高分子系ルーフィングシートの製品の包装に表示する必要がない事項はどれか。
  イ　シートの寸法
  ロ　シート相互の接合方法
  ハ　シートの規格名称
  ニ　シートの使用期限

23 文中の(　　)内に当てはまる数値として、適切なものはどれか。
  日本工業規格(JIS)によれば、塩化ビニル樹脂系の複合シート(一般複合タイプ)の厚さは、(　　)mm以上である。
  イ　0.6
  ロ　1.2
  ハ　1.8
  ニ　2.4

24 ウレタンゴム系塗膜防水工事において、使用しない材料はどれか。
  イ　ガラス繊維の織布
  ロ　合成繊維の織布
  ハ　砂付アスファルトルーフィング
  ニ　通気緩衝シート

25 アスファルト防水工事(熱工法)において、使用する材料はどれか。
  イ　ストレッチルーフィング
  ロ　防水用ポリエステル樹脂
  ハ　ブチルゴム系テープ状シール材
  ニ　ポリマー混和液

平成30年度 技能検定
2級 防水施工 学科試験問題
（塩化ビニル系シート防水工事作業）

1. 試験時間　　1時間40分
2. 問題数　　　50題(A群25題、B群25題)
3. 注意事項
   （1）　係員の指示があるまで、この表紙はあけないでください。
   （2）　答案用紙(真偽法と多肢択一法の併用)に検定職種名、作業名、級別、受検番号、氏名を必ず記入してください。
   （3）　係員の指示に従って、問題数を確かめてください。それらに異常がある場合は、黙って手を挙げてください。問題はA群(真偽法)とB群(多肢択一法)とに分かれています。
   （4）　試験開始の合図で始めてください。
   （5）　解答の方法(真偽法と多肢択一法の併用)は次のとおりです。
   　　イ．　A群の問題(真偽法)は、一つ一つの問題の内容が正しいか、誤っているかを判断して解答してください。
   　　ロ．　B群の問題(多肢択一法)は、正解と思うものを一つだけ選んで、解答してください。二つ以上に解答した場合は誤答となります。
   　　ハ．　答案用紙(マークシート用紙)へ解答する際は、答案用紙に記載されている注意事項に従ってください。
   　　ニ．　答案用紙の解答欄は、A群の問題とB群の問題とでは異なります。所定の解答欄に、試験問題の題数に応じて解答してください。解答欄はA群は50題まで、B群は25題まで解答できるようになっています。
   （6）　電子式卓上計算機その他これと同等の機能を有するものは、使用してはいけません。
   （7）　携帯電話等は、使用してはいけません。
   （8）　試験中、質問があるときは、黙って手を挙げてください。ただし、試験問題の内容、漢字の読み方等に関する質問にはお答えできません。
   （9）　試験終了時刻前に解答ができあがった場合は、黙って手を挙げて、係員の指示に従ってください。
   （10）　試験中に手洗いに立ちたいときは、黙って手を挙げて、係員の指示に従ってください。
   （11）　試験終了の合図があったら、筆記用具を置き、係員の指示に従ってください。

[A群(真偽法)]

1 鉄骨鉄筋コンクリート造は、鉄骨骨組みの回りに鉄筋を配し、コンクリートを打ち込んだ構造である。

2 コンクリートのスランプは、フレッシュコンクリートの軟らかさの程度を示す。

3 日本工業規格(JIS)の建築製図通則によれば、下図は、片開き窓を表す平面表示記号である。

＝｜⊏

4 建築基準法関係法令によれば、ガラスは、不燃材料に規定されていない。

5 労働安全衛生法関係法令によれば、3m以上の高所から物体を投下するときは、適当な投下設備を設け、監視人を置く等労働者の危険を防止するための措置を講じなければならない。

6 塩化ビニル樹脂系シート防水(接着工法)において、平場に張り付けたシートを転圧するのに使用するのは、ウールローラーである。

7 塩化ビニル樹脂系シート防水において、チョークリールは、シートの割付けなどの墨線を付けるのに用いる。

8 塩化ビニル樹脂系シート防水(接着工法)において、下地の入隅部は、面取りとするとよい。

9 日本建築学会建築工事標準仕様書(JASS)によれば、塩化ビニル樹脂系シート防水は、雪下ろしを行う屋根には適用しない。

10 塩化ビニル樹脂系シート防水(接着工法)において、立上り防水層の末端部は、押え金物で固定し、その上部に不定形シール材を充填する。

11 塩化ビニル樹脂系シート防水(接着工法)の立上り防水層末端部を固定する押え金物のビス間隔は、600mm程度とする。

12 塩化ビニル樹脂系シート防水(機械的固定工法)において、入隅の固定金具の継手部には、目地テープを張り付ける。

13 塩化ビニル樹脂系シート防水(接着工法)において、シートの張付けは、一般に、平場よりも立上りを先に行う。

14 塩化ビニル樹脂系シート防水の機械的固定工法では、下地が湿っていても施工することができる。

[A群(真偽法)]

15 塩化ビニル樹脂系シート防水(接着工法)において、シート相互の3枚重ね部の段差処理には、定形シール材を使用する。

16 塩化ビニル樹脂系シート相互を溶剤溶着する場合は、溶着剤塗布後、オープンタイムをとるとよい。

17 塩化ビニル樹脂系シート防水(接着工法)において、シートの膨れの原因の一つには、接着剤の塗布量過多がある。

18 塩化ビニル樹脂系シート防水(機械的固定工法)において、防湿用フィルムは、断熱材の下地水分による断熱性能の低下を防止するために、下地と断熱材の間に用いる。

19 塩化ビニル樹脂系シート防水(接着工法)において、下地のレイタンスは、撤去せずに接着剤を塗布するとよい。

20 打設直後のコンクリートは、強いアルカリ性を示す。

21 ALCパネルは、軽量気泡コンクリートパネルである。

22 塩化ビニル樹脂系シート防水(接着工法)において、平場にエポキシ樹脂系接着剤を使用する場合は、下地面のみに接着剤を塗布する。

23 塩化ビニル樹脂系シート防水(機械的固定工法)に使用されるプレート状の固定金具は、一般に、鋼板に塩化ビニル樹脂が被覆されたものである。

24 シーリング防水工事で使用するマスキングテープは、主として、目地周辺の汚れを防止するために使用する。

25 日本建築学会建築工事標準仕様書(JASS)によれば、合成ゴム系シート防水には、断熱工法はない。

[B群(多肢択一法)]

1 鉄骨造における主要鋼材の接合方法として、適切でないものはどれか。
   イ　接着剤
   ロ　溶接
   ハ　リベット
   ニ　ボルト

2 下図の中で、片流れ屋根を示す形状はどれか。

　　イ　　　　　ロ　　　　　ハ　　　　　ニ

3 日本工業規格(JIS)の建築製図通則によれば、下図の材料構造表示記号が表すものは
　どれか。
   イ　地盤
   ロ　石材又はぎ石
   ハ　タイル
   ニ　コンクリート及び鉄筋コンクリート

4 建築基準法関係法令によれば、主要構造部に含まれないものはどれか。
   イ　柱
   ロ　階段
   ハ　間仕切壁
   ニ　床

5 文中の(　　)内に当てはまる数値として、正しいものはどれか。
　酸素欠乏症等防止規則によれば、酸素欠乏とは、空気中の酸素の濃度が(　　)%未満
　である状態をいう。
   イ　18
   ロ　21
   ハ　24
   ニ　27

［Ｂ群(多肢択一法)］

6 文中の(   )内に当てはまる語句として、適切なものはどれか。
　塩化ビニル樹脂系シート防水において、シート相互の接合部を融着による接合とする場合、(   )を使用する。
　　　イ　高周波水分計
　　　ロ　熱風溶接機
　　　ハ　振動ドリル
　　　ニ　誘導加熱装置

7 塩化ビニル樹脂系シート防水において、シートの裁断時に使用しない器工具はどれか。
　　　イ　はさみ
　　　ロ　カッターナイフ
　　　ハ　定規
　　　ニ　金のこ

8 塩化ビニル樹脂系シート防水(接着工法)におけるコンクリート下地において、特に確認を必要としないものはどれか。
　　　イ　油脂類の付着
　　　ロ　平滑性
　　　ハ　水勾配
　　　ニ　ビスの引抜き強度

9 塩化ビニル樹脂系シート防水工法に使用する材料の保管に関する記述として、適切でないものはどれか。
　　　イ　シートは、縦置きとする。
　　　ロ　材料の搬入にあたっては、搬入日、搬入方法等について十分な打合せを行う。
　　　ハ　材料の保管場所は、火気の心配のない屋内とする。
　　　ニ　有機溶剤を含む接着剤は、消防法の危険物の規制を受ける。

10 文中の(   )内に当てはまる数値として、適切なものはどれか。
　日本建築学会建築工事標準仕様書(JASS)によれば、塩化ビニル樹脂系シート防水(接着工法)での接着剤の塗布量は(   )kg／m²である。
　　　イ　0.2
　　　ロ　0.4
　　　ハ　0.6
　　　ニ　0.8

11 文中の(　　)内に当てはまる数値として、適切なものはどれか。
　　日本建築学会建築工事標準仕様書(JASS)によれば、塩化ビニル樹脂系シート防水に
　　おけるシート相互の接合幅は、(　　)mmとしている。
　　　イ　20
　　　ロ　40
　　　ハ　60
　　　ニ　80

12 塩化ビニル樹脂系シート防水(機械的固定工法)に使用する固定金具の取付けとして、
　　適切でないものはどれか。
　　　イ　下地の穿孔は、電動ドリルを垂直にして穿孔する。
　　　ロ　プレート状固定金具の切り口のバリ等は、やすりで落として取り付ける。
　　　ハ　穿孔した穴の内部の切粉は、きれいに取り除く。
　　　ニ　円盤状固定金具を、下地に接着剤で張り付ける。

13 塩化ビニル樹脂系シート防水における液状シール材の塗布に関する記述として、適
　　切でないものはどれか。
　　　イ　ノズルがシート相互の接合段差部から外れないように注意する。
　　　ロ　接合段差部より盛り上がらないように塗布する。
　　　ハ　むらのないように、平均に塗布する。
　　　ニ　表面を均したり押えたりせずに、塗布したままの状態で硬化させる。

14 文中の(　　)内に当てはまる語句として、適切なものはどれか。
　　塩化ビニル樹脂系シート防水(接着工法)において、下地がプレキャスト鉄筋コンクリ
　　ート部材で継手目地部に動きが予想される場合は、平場のシートの張付けに先立ち
　　(　　)などを行うとよい。
　　　イ　プライマー塗布
　　　ロ　塗膜防水材塗布
　　　ハ　はっ水剤塗布
　　　ニ　絶縁用テープ張り

15 塩化ビニル樹脂系シート防水の施工に関する記述として、適切でないものはどれ
　　か。
　　　イ　入隅角には、成形役物を使用する。
　　　ロ　出隅角には、成形役物を使用する。
　　　ハ　ルーフドレン回りの末端部には、テープ状シール材を使用する。
　　　ニ　貫通配管には、テープ状シール材を使用する。

［B群(多肢択一法)］

16 塩化ビニル樹脂系シート防水(機械的固定工法)に使用するプレート状固定金具の継手部の施工として、適切なものはどれか。
　　イ　突付けとする。
　　ロ　5mm程度端部に隙間をあける。
　　ハ　30mm程度端部に隙間をあける。
　　ニ　30mm程度端部を重ねる。

17 塩化ビニル樹脂系シート防水(機械的固定工法)の断熱工法における断熱材の施工について、適切でないものはどれか。
　　イ　突然の降雨などを考慮して、必ず水下側から敷き並べる。
　　ロ　断熱材相互の間に隙間ができた場合は、断熱材を裁断して詰める。
　　ハ　突風などで施工を中断する場合は、養生を的確に行う。
　　ニ　絶縁用シートは、相互の重ね幅が100mm以上になるように割り付け、しわをつくらないように敷き並べる。

18 塩化ビニル樹脂系シート防水層に損傷を与えた場合の補修方法に関する記述として、適切なものはどれか。
　　イ　損傷箇所に保護塗料を塗布した。
　　ロ　損傷箇所を覆うように塩化ビニル樹脂系シートを張り付けた。
　　ハ　損傷箇所にシーリング材を塗布した。
　　ニ　損傷箇所にテープ状シール材を張り付けた。

19 塩化ビニル樹脂系シート防水において、施工中の養生で、適切でないものはどれか。
　　イ　防水層の施工完了後は、防水層の上に、重量物を直接置いても構わない。
　　ロ　防水層の施工中は、原則として、施工範囲には関係者以外の通行・作業及び立ち入りを禁止する。
　　ハ　シートの張付け中、急な降雨に遭遇した際は、防水層の端部等に対して、必要な養生を施す。
　　ニ　シートの張付け中に際して、シートの端材や包装紙等は、風に飛ばされないように袋に入れて片付ける。

20 塩化ビニル樹脂系シート防水(接着工法)の下地において、一般に、絶縁用テープを張り付ける部分はどれか。
　　イ　鉄筋コンクリート造の入隅
　　ロ　鉄筋コンクリート造の出隅
　　ハ　ALCパネルの短辺目地
　　ニ　ALCパネルの長辺目地

21 文中の(　　)内に当てはまる数値として、適切なものはどれか。
　　日本工業規格(JIS)によれば、塩化ビニル樹脂系シート防水で使用する均質シートの厚さは(　　)mm以上と規定されている。
　　　イ　0.8
　　　ロ　1.0
　　　ハ　1.5
　　　ニ　2.0

22 塩化ビニル樹脂系シート防水に使用する溶着剤に関する記述として、適切なものはどれか。
　　　イ　主成分はアセトンである。
　　　ロ　主成分はテトラヒドロフランである。
　　　ハ　シールポンプを使用して塗布する。
　　　ニ　機械的固定工法における固定金具とシートの固定には使用できない。

23 塩化ビニル樹脂系防水シートの特性として、適切でないものはどれか。
　　　イ　耐摩耗性に優れる。
　　　ロ　仕上げ塗装は不要である。
　　　ハ　自己消火性がある。
　　　ニ　低温においても硬さは変わらない。

24 シーリング防水工事において、ボンドブレーカーの使用目的として、適切なものはどれか。
　　　イ　シーリング材を3面接着させないため。
　　　ロ　シーリング材の目地からの膨れを防止するため。
　　　ハ　シーリング材への目地下地の水分の影響をなくすため。
　　　ニ　シーリング材の厚みを一定に保たせるため。

25 FRP防水の特徴に関する記述として、適切でないものはどれか。
　　　イ　施工時に、臭気の苦情対策が必要となる場合がある。
　　　ロ　防水層が強靱である。
　　　ハ　作業中に長い待ち時間がない。
　　　ニ　降雨時にも施工可能である。

令和2年度 技能検定
1級 防水施工 学科試験問題
（塩化ビニル系シート防水工事作業）

1. 試験時間　1時間40分
2. 問題数　　50題(A群25題、B群25題)
3. 注意事項
   （1）　係員の指示があるまで、この表紙はあけないでください。
   （2）　答案用紙(真偽法と多肢択一法の併用)に検定職種名、作業名、級別、受検番号、氏名を必ず記入してください。
   （3）　係員の指示に従って、問題数を確かめてください。それらに異常がある場合は、黙って手を挙げてください。問題はA群(真偽法)とB群(多肢択一法)とに分かれています。
   （4）　試験開始の合図で始めてください。
   （5）　解答の方法(真偽法と多肢択一法の併用)は次のとおりです。
   　　　イ．　A群の問題(真偽法)は、一つ一つの問題の内容が正しいか、誤っているかを判断して解答してください。
   　　　ロ．　B群の問題(多肢択一法)は、正解と思うものを一つだけ選んで、解答してください。二つ以上に解答した場合は誤答となります。
   　　　ハ．　答案用紙(マークシート用紙)へ解答する際は、答案用紙に記載されている注意事項に従ってください。
   　　　ニ．　答案用紙の解答欄は、A群の問題とB群の問題とでは異なります。所定の解答欄に、試験問題の題数に応じて解答してください。解答欄はA群は50題まで、B群は25題まで解答できるようになっています。
   （6）　電子式卓上計算機その他これと同等の機能を有するものは、使用してはいけません。
   （7）　携帯電話、スマートフォン、ウェアラブル端末等は、使用してはいけません。
   （8）　試験中、質問があるときは、黙って手を挙げてください。ただし、試験問題の内容、漢字の読み方等に関する質問にはお答えできません。
   （9）　試験終了時刻前に解答ができあがった場合は、黙って手を挙げて、係員の指示に従ってください。
   （10）　試験中に手洗いに立ちたいときは、黙って手を挙げて、係員の指示に従ってください。
   （11）　試験終了の合図があったら、筆記用具を置き、係員の指示に従ってください。

[A群（真偽法）]

1 小ばりは、柱と柱を直接連結するはりである。

2 ALCパネルは、オートクレーブ養生(高温高圧蒸気養生)した軽量気泡コンクリートを板状に成形したものである。

3 日本産業規格(JIS)の建築製図通則によれば、次は、保温吸音材を表す材料構造表示記号である。

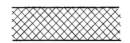

4 消防法関係法令によれば、危険物の第4類は、引火性液体である。

5 労働安全衛生法関係法令によれば、事業者は、つり足場(ゴンドラのつり足場を除く。)、張出し足場又は高さが5m以上の構造の足場の組立て、解体又は変更の作業については、足場の組立て等作業主任者技能講習を修了した者のうちから、足場の組立て等作業主任者を選任しなければならない。

6 塩化ビニル樹脂系シート防水工事(機械的固定工法)において、円盤状の固定金具と防水シートを固定する方法には、電磁誘導加熱機を使用して熱融着する方法がある。

7 塩化ビニル樹脂系シート防水工事において、入隅の転圧にはスイーパーを使用する。

8 塩化ビニル樹脂系シート防水工事(機械的固定工法)は、降雨後、下地が乾燥していない状態でも施工することができる。

9 塩化ビニル樹脂系シート防水工事(接着工法)において、接着剤のオープンタイムとは、塗布した接着剤が接着可能になってから接着不可能になるまでの時間帯をいう。

10 塩化ビニル樹脂系シート防水工事において、出隅角と入隅角の施工には、成形役物を使用するとよい。

11 塩化ビニル樹脂系シート防水工事(機械的固定工法)において、平場部に取り付ける円盤状の固定金具の取付け間隔は、建物の高さに影響を受けることはない。

12 塩化ビニル樹脂系シート防水工事(接着工法)において、ALCパネルの長辺目地部は、大きな動きが想定されるため、絶縁テープの張付けによる絶縁処理が必要である。

13 塩化ビニル樹脂系シート防水工事(機械的固定工法)には、固定金具を固定する方法の一つとして後付け施工法がある。

［A群（真偽法）］

14 塩化ビニル樹脂系シート防水工事(機械的固定工法)において、屋根の平場のシートを固定するための円盤状の固定金具(ディスク盤)は、屋根の周辺部よりも中央部の方がピッチが狭くなるように割り付ける。

15 塩化ビニル樹脂系シート防水工事(接着工法)において、防水層に膨れが生じた場合は、その部分のシートに穴をあけて接着剤を注入し、シートの上からローラーで転圧するとよい。

16 塩化ビニル樹脂系シート防水工事(接着工法)において、防水層の膨れの原因の一つとして、接着剤の塗布量の過多がある。

17 塩化ビニル樹脂系シート防水工事(接着工法)において、シートの張付け中の降雨に対する養生は、張り付けたシートの端部にシーリング材を充填し、へらで押さえておくとよい。

18 労働安全衛生法関係法令によれば、高さが2m以上の作業床の端、開口部等で墜落により労働者に危険を及ぼすおそれのある箇所には、囲い、手すり、覆い等を設けなければならない。

19 塩化ビニル樹脂系シート防水工事(接着工法)の非断熱工法において、鉄筋コンクリート造の下地には、一般に、プライマーを塗布する必要はない。

20 レイタンスとは、コンクリート中の微細なちりや粒子などが浮上し、コンクリートの表面に蓄積したものである。

21 塩化ビニル樹脂系シート防水工事(機械的固定工法)において、固定金具を下地に留める固定用アンカーには、樹脂製のものと金属製のものがある。

22 塩化ビニル樹脂系シート防水工事において、シート相互の接合端部に使用する液状シール材の主成分は、ウレタン樹脂である。

23 塩化ビニル樹脂系シートは、高温時には固くなる性質がある。

24 ウレタンゴム系塗膜防水工事において、通気緩衝シートを使用する目的の一つに、下地のひび割れによる動きが防水層に直接伝わらないようにすることがある。

25 日本産業規格(JIS)によれば、改質アスファルトルーフィングシートには、露出用と非露出用がある。

［B群（多肢択一法）］

1 鉄骨造における鋼材の接合方法として、適切でないものはどれか。
　　イ　溶接
　　ロ　リベット接合
　　ハ　ボルト接合
　　ニ　接着剤

2 下図において、根太を表すものはどれか。

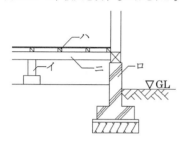

3 日本産業規格(JIS)の建築製図通則によれば、次の材料構造表示記号が表すものはどれか。

　　イ　軽量壁一般
　　ロ　軽量ブロック壁
　　ハ　普通ブロック壁
　　ニ　鉄筋コンクリート壁

4 文中の(　　)内に当てはまる数値として、適切なものはどれか。
　　建築基準法関係法令によれば、鉄筋コンクリート造の耐力壁の鉄筋に対するコンクリートのかぶり厚さは、(　　)cm以上とされている。
　　イ　1
　　ロ　3
　　ハ　5
　　ニ　7

5 文中の(　　)内に当てはまる数値として、適切なものはどれか。
　　労働安全衛生法関係法令によれば、移動はしごの幅は、(　　)cm以上とすることとされている。
　　イ　20
　　ロ　30
　　ハ　40
　　ニ　50

［B群（多肢択一法）］

6 塩化ビニル樹脂系シート防水工事において、使用しない器工具はどれか。
 イ　はさみ
 ロ　脱泡ローラー
 ハ　ハンドローラー
 ニ　コーキングガン

7 文中の(　　)内に当てはまる語句として、適切なものはどれか。
 塩化ビニル樹脂系シート防水工事(接着工法)において、モルタルのこぼれは、(　　)で除去するとよい。
 イ　ケレン棒
 ロ　スパナ
 ハ　金ごて
 ニ　ブロアー

8 塩化ビニル樹脂系シート防水工事における、下地の清掃に関する記述として、適切でないものはどれか。
 イ　掃き掃除は、風下から風上に向かって行う。
 ロ　ほうきで掃ききれない微細なほこりなどが多い場合は、掃除機を使用して清掃する。
 ハ　パラペットの天端のごみは、外側に落とさない。
 ニ　ルーフドレン回りは、毛ばけを使用して清掃する。

9 塩化ビニル樹脂系シート防水工事における、シート相互の接合に関する記述として、適切でないものはどれか。
 イ　シートが3枚重ねとなる部分の接合は、溶剤溶着で行う。
 ロ　接合部は、シートが4枚重ねとならないようにする。
 ハ　溶剤溶着で接合する場合のシート相互の接合幅は、一般に、熱風融着で接合する場合と同じとする。
 ニ　溶着剤は、溶着用小ばけに十分に含ませてシートに塗布する。

10 塩化ビニル樹脂系シート防水工事(機械的固定工法)における、固定金具の施工に関する記述として、適切でないものはどれか。
 イ　下地の穿孔は、電動ドリルを垂直にして行う。
 ロ　固定金具の継手部には、目地テープを張り付ける。
 ハ　固定金具の継手部は、5mm程度の隙間をあけて固定する。
 ニ　固定金具を切断した場合、切断面には、やすりがけ等の処理を必要としない。

11 文中の(　　)内に当てはまる数値として、適切なものはどれか。
　　塩化ビニル樹脂系シート防水工事(接着工法)において、立上り末端部の押え金物に
取り付けるビスの間隔は、(　　)mm程度がよい。
　　イ　200
　　ロ　400
　　ハ　600
　　ニ　800

12 塩化ビニル樹脂系シート防水工事において、チェック棒を使用して確認するものとし
て、適切なものはどれか。
　　イ　シート相互の接合端部の口あき
　　ロ　液状シール材の施工の良否
　　ハ　立上り末端部の押え金物の固定間隔
　　ニ　シート相互の接合幅

13 塩化ビニル樹脂系シート防水工事(接着工法)における、接着剤の塗布方法として、適切
でないものはどれか。
　　イ　専用のくしばけで塗布する。
　　ロ　シート張付けの前日に塗布する。
　　ハ　下地の乾燥を確認してから塗布する。
　　ニ　ルーフドレン回りなどに、溜まりができないように塗布する。

14 文中の(　　)内に当てはまる数値の組合せとして、適切なものはどれか。
　　日本建築学会建築工事標準仕様書(JASS)によれば、塩化ビニル樹脂系シート防水工
事(接着工法)において、コンクリート下地の場合、ニトリルゴム系接着剤の塗布量は、
下地面(　①　)kg／m²、シート面(　②　)kg／m²である。
　　　　　　　①　　　②
　　イ　0.2　　0.2
　　ロ　0.2　　0.4
　　ハ　0.4　　0.2
　　ニ　0.4　　0.4

15 塩化ビニル樹脂系シート防水工事(機械的固定工法)の断熱工法に関する記述として、
適切でないものはどれか。
　　イ　断熱材としては、一般に、硬質ウレタンフォーム又はポリスチレンフォームが
　　　　使用される。
　　ロ　断熱材の継手部は、5mm程度の隙間をあける。
　　ハ　断熱材は、施工中の降雨を考慮して水上側から敷き並べる。
　　ニ　ルーフドレン回りの断熱材は、ルーフドレンのつばから300mm程度離れた位置
　　　　で張り止める。

［B群（多肢択一法）］

16 塩化ビニル樹脂系シート防水工事において、シート相互の接合を熱風融着で行う場合、一般に、接合部に口あきが生じる原因とならないものはどれか。
　　イ　熱風溶接機のノズルの汚れ
　　ロ　熱風溶接機の温度の設定不良
　　ハ　融着後の降雨
　　ニ　融着時の転圧不足

17 塩化ビニル樹脂系シート防水工事(機械的固定工法)において、一般に、脱気装置を設置する主な目的はどれか。
　　イ　下地と防水層の間に、虫等が侵入することを防止するため
　　ロ　下地と防水層の間の湿気を排出させるため
　　ハ　下地と防水層の間を清掃するため
　　ニ　下地の動きを緩衝させるため

18 塩化ビニル樹脂系シート防水工事に関する記述として、適切でないものはどれか。
　　イ　スラブ面に材料を多量に保管する場合は、はりの上に分散させて置く。
　　ロ　広げたシート類があおられるような風が吹く場合は、作業を中止する。
　　ハ　シートを保管する場合は、養生用シートで覆う。
　　ニ　断熱材を保管する場合は、地面の上に直接置く。

19 塩化ビニル樹脂系シート防水工事の施工に関する記述として、適切なものはどれか。
　　イ　100V(ボルト)、30A(アンペア)の電源から、1台1400W(ワット)の熱風溶接機を4台つなぐように計画した。
　　ロ　上下作業を避けた日程で、作業範囲を計画した。
　　ハ　炎天下の作業なので、保護帽を麦わら帽子に替えるように指示した。
　　ニ　施工計画に、材料の搬入計画を記載しなかった。

20 塩化ビニル樹脂系シート防水工事における下地に関する記述として、適切なものはどれか。
　　イ　油脂類が付着している部分は、そのままポリマーセメントペーストを塗布する。
　　ロ　出隅は、通り良く直角に仕上げる。
　　ハ　パラペットの水切りあごの下端には、水切り溝を設ける。
　　ニ　勾配は、1／200以下とする。

21 現場打ちコンクリートスラブ下地の特徴として、適切でないものはどれか。
　　イ　デッキプレート型枠の上に打設した場合は、乾燥しやすい。
　　ロ　スラブ内に配管類がある場合は、その上部にひび割れが発生しやすい。
　　ハ　コンクリートには、含有水分がある。
　　ニ　コンクリートの打継部には、ひび割れが発生しやすい。

22 日本建築学会建築工事標準仕様書(JASS)によれば、塩化ビニル樹脂系シート防水工事(機械的固定工法)の適用部位に含まれないものはどれか。
　　イ　水槽類
　　ロ　ひさし
　　ハ　屋根(非歩行)
　　ニ　外壁

23 エチレン酢酸ビニル樹脂系シート防水工事において、使用しないものはどれか。
　　イ　プライマー
　　ロ　ポリマーセメントペースト
　　ハ　溶着剤
　　ニ　シール材

24 アスファルト防水工事(熱工法)に関する記述として、適切でないものはどれか。
　　イ　砂付あなあきアスファルトルーフィングは、砂面を下地側にする。
　　ロ　平場のルーフィング類は、流張りとする。
　　ハ　上下層のルーフィング類相互の重ね合わせ部は、同一箇所とならないようにする。
　　ニ　ルーフドレン回りの増張りは、一般部のルーフィング類の張付けを行った後に施工する。

25 文中の(　　)内に当てはまる語句として、適切なものはどれか。
　　FRP防水工事に使用される防水用ガラスマットは、長繊維のガラスを一定の長さにカットしたものを、(　　)に重ねて不織布状にしたものである。
　　イ　放射状
　　ロ　ランダム
　　ハ　直角方向
　　ニ　一方向

令和元年度 技能検定
1級 防水施工 学科試験問題
（塩化ビニル系シート防水工事作業）

1. 試験時間　　1時間40分
2. 問題数　　　50題(A群25題、B群25題)
3. 注意事項
   （1）　係員の指示があるまで、この表紙はあけないでください。
   （2）　答案用紙(真偽法と多肢択一法の併用)に検定職種名、作業名、級別、受検番号、氏名を必ず記入してください。
   （3）　係員の指示に従って、問題数を確かめてください。それらに異常がある場合は、黙って手を挙げてください。問題はA群(真偽法)とB群(多肢択一法)とに分かれています。
   （4）　試験開始の合図で始めてください。
   （5）　解答の方法(真偽法と多肢択一法の併用)は次のとおりです。
   　　イ．　A群の問題(真偽法)は、一つ一つの問題の内容が正しいか、誤っているかを判断して解答してください。
   　　ロ．　B群の問題(多肢択一法)は、正解と思うものを一つだけ選んで、解答してください。二つ以上に解答した場合は誤答となります。
   　　ハ．　答案用紙(マークシート用紙)へ解答する際は、答案用紙に記載されている注意事項に従ってください。
   　　ニ．　答案用紙の解答欄は、A群の問題とB群の問題とでは異なります。所定の解答欄に、試験問題の題数に応じて解答してください。解答欄はA群は50題まで、B群は25題まで解答できるようになっています。
   （6）　電子式卓上計算機その他これと同等の機能を有するものは、使用してはいけません。
   （7）　携帯電話等は、使用してはいけません。
   （8）　試験中、質問があるときは、黙って手を挙げてください。ただし、試験問題の内容、漢字の読み方等に関する質問にはお答えできません。
   （9）　試験終了時刻前に解答ができあがった場合は、黙って手を挙げて、係員の指示に従ってください。
   （10）　試験中に手洗いに立ちたいときは、黙って手を挙げて、係員の指示に従ってください。
   （11）　試験終了の合図があったら、筆記用具を置き、係員の指示に従ってください。

[A群(真偽法)]

1 鉄筋コンクリート造では、主として、鉄筋が圧縮力に抵抗し、コンクリートが引張力に抵抗する。

2 ALCパネルは、オートクレーブ養生(高温高圧蒸気養生)した軽量気泡コンクリートを板状に成形したものである。

3 日本工業規格(JIS)によれば、次は、保温吸音材を表す材料構造表示記号である。

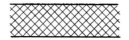

4 消防法関係法令によれば、危険物の第四類は、引火性液体と規定されている。

5 労働安全衛生法関係法令によれば、つり足場の作業床は、幅を40cm以上とし、かつ、隙間がないようにすることと規定されている。

6 塩化ビニル樹脂系シート防水工事において、接着剤を一定の塗布量で塗布するには、くしばけを使用するとよい。

7 塩化ビニル樹脂系シート防水工事において、熱風溶接機によるシート溶接時の熱風の温度は、一般に、400〜500℃である。

8 塩化ビニル樹脂系シート防水工事(機械的固定工法)は、降雨後、下地が未乾燥の状態でも施工することができる。

9 塩化ビニル樹脂系シート防水工事(接着工法)において、接着剤のオープンタイムとは、塗布した接着剤が接着可能になってから接着不可能になるまでの時間帯をいう。

10 塩化ビニル樹脂系シート防水工事(機械的固定工法)において、屋根の平場のシートを固定するための円盤状の固定金具(ディスク盤)は、屋根の周辺部よりも中央部においてピッチが狭くなるように割り付ける。

11 日本建築学会建築工事標準仕様書(JASS)によれば、塩化ビニル樹脂系シート防水工事において、シート相互の接合幅は、40mmとする。

12 塩化ビニル樹脂系シート防水工事(接着工法)において、下地のPCa(プレキャスト鉄筋コンクリート部材)などの継手目地部は、絶縁用テープを張り付けて防水層を絶縁する。

13 塩化ビニル樹脂系シート防水工事において、出隅角及び入隅角の施工には、成形役物を使用するとよい。

［A群(真偽法)］

14 塩化ビニル樹脂系シート防水工事(機械的固定工法)において、シートと固定金具の接合は、溶剤溶着又は熱風融着で行う。

15 塩化ビニル樹脂系シート防水工事(接着工法)において、防水層に膨れが生じた場合は、その部分のシートに穴をあけて接着剤を注入し、シートの上からローラーで転圧するとよい。

16 塩化ビニル樹脂系シート防水工事(接着工法)において、防水層の膨れの原因の一つとして、接着剤の塗布量の過多がある。

17 塩化ビニル樹脂系シート防水工事(接着工法)において、防水層の保護塗料には、エマルション系塗料は適していない。

18 塩化ビニル樹脂系シート防水工事において、水切りあごがなく、天端に笠木が取り付けられるタイプのパラペットへの防水層の施工は、笠木取付工事の前に行う。

19 コンクリートは、一般に、年月が経つにしたがってアルカリ性が強くなる。

20 塩化ビニル樹脂系シート防水工事(接着工法)の非断熱工法において、一般に、鉄筋コンクリート造の下地には、プライマーを塗布する必要はない。

21 塩化ビニル樹脂系シート防水工事(機械的固定工法)において、固定金具を下地に留める固定用アンカーには、樹脂製のものと金属製のものがある。

22 塩化ビニル樹脂系シート防水工事において、シート相互の接合に使用する溶着剤は、シートと同質の樹脂を揮発性溶剤で溶解したものである。

23 塩化ビニル樹脂系防水シートは、気温が低くなると軟らかくなる性質がある。

24 ウレタンゴム系塗膜防水材には、1成分形以外のものはない。

25 ウレタンゴム系塗膜防水工事において、通気緩衝シートを使用する目的の一つには、下地のひび割れによる動きが防水層に直接伝わらないようにすることがある。

[B群(多肢択一法)]

1 コンクリートに関する一般的な記述として、適切でないものはどれか。
    イ　コンクリートの水セメント比を小さくすると、コンクリートの強度は大きくなる。
    ロ　コンクリートの単位水量を大きくすると、スランプは大きくなる。
    ハ　コンクリートは、打込み後、強制乾燥させてもよい。
    ニ　レディーミクストコンクリートは、コンクリート工場から、まだ固まらない状態でミキサー車などで配達されるコンクリートである。

2 下図において、床束を表すものはどれか。

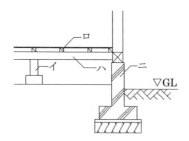

3 日本工業規格(JIS)の建築製図通則によれば、次の平面表示記号が表すものはどれか。
    イ　引違い窓
    ロ　引違い戸
    ハ　両開きとびら
    ニ　出入口一般

4 消防法関係法令によれば、消火設備に含まれないものはどれか。
    イ　スプリンクラー設備
    ロ　泡消火設備
    ハ　水バケツ
    ニ　防火扉設備

5 文中の(　　)内に当てはまる数値として、正しいものはどれか。
   労働安全衛生法関係法令によれば、移動はしごの幅は、(　　)cm以上とすることと規定されている。
    イ　20
    ロ　30
    ハ　40
    ニ　50

[B群(多肢択一法)]

6 塩化ビニル樹脂系シート防水工事において、使用しない器工具はどれか。
    イ　はさみ
    ロ　脱泡ローラー
    ハ　ハンドローラー
    ニ　コーキングガン

7 文中の(　　)内に当てはまる語句として、適切なものはどれか。
    塩化ビニル樹脂系シート防水工事(接着工法)において、モルタルのこぼれは、
    (　　)で除去するとよい。
    イ　ケレン棒
    ロ　スイーパー
    ハ　金ごて
    ニ　ブロアー

8 文中の(　　)内に当てはまる語句として、適切なものはどれか。
    塩化ビニル樹脂系シート防水工事(接着工法)において、コンクリート下地の立上が
    りに小さな目違い部がある場合は、凸部をはつり取った後、(　　)を塗って平たんに
    仕上げるとよい。
    イ　接着剤
    ロ　プライマー
    ハ　ポリマーセメントモルタル
    ニ　シーリング材

9 塩化ビニル樹脂系シート防水工事(機械的固定工法)において、一般に、固定金具を使
    用する必要がない部位はどれか。
    イ　立上がりの防水層の末端部
    ロ　貫通配管回り
    ハ　立上がりの出隅
    ニ　立上がりの入隅

10 塩化ビニル樹脂系シート防水工事(接着工法)における接着剤の塗布に関する記述とし
    て、適切でないものはどれか。
    イ　下地が乾燥していることを確認してから塗布する。
    ロ　ルーフドレン回りに、溜まりができないようにする。
    ハ　塗布前に、下地のごみやほこりなどは取り除いておく。
    ニ　接着剤は、翌日の作業範囲まで塗布するとよい。

11 塩化ビニル樹脂系シート防水工事(機械的固定工法)の断熱工法に関する記述として、適切でないものはどれか。
　　イ　断熱材としては、一般に、硬質ポリウレタンフォーム又はポリスチレンフォームが使用される。
　　ロ　断熱材の継手部は、5mm程度の隙間をあける。
　　ハ　断熱材は、施工中の降雨を考慮して水上側から敷き並べる。
　　ニ　ルーフドレン回りの断熱材は、ルーフドレンのつばから300mm程度離れた位置で張り止める。

12 塩化ビニル樹脂系シート防水工事におけるシート相互の接合に関する記述として、適切でないものはどれか。
　　イ　シートが3枚重ねとなる部分の接合は、溶剤溶着で行う。
　　ロ　接合部は、シートが4枚重ねとならないようにする。
　　ハ　溶剤溶着で接合する場合のシート相互の接合幅は、一般に、熱風融着で接合する場合と同じとする。
　　ニ　溶着剤は、溶着用小ばけに十分に含ませてシートに塗布する。

13 文中の(　　)内に当てはまる数値として、適切なものはどれか。
　　塩化ビニル樹脂系シート防水工事(接着工法)において、シートの末端部に取り付けられる押え金物の固定は、長さ2m当たり(　　)か所とする。
　　イ　2
　　ロ　3
　　ハ　4
　　ニ　6

14 文中の(　　)内に当てはまる語句の組合せとして、適切なものはどれか。
　　塩化ビニル樹脂系シート防水工事(接着工法)において、(　①　)系の接着剤を使用する場合は、一般に、(　②　)に塗布する。
　　　　　　　　　①　　　　　　　　②
　　イ　ニトリルゴム・・・下地面のみ
　　ロ　エポキシ樹脂・・・シート裏面のみ
　　ハ　ニトリルゴム・・・下地面とシート裏面の両方
　　ニ　エポキシ樹脂・・・下地面とシート裏面の両方

15 塩化ビニル樹脂系シート防水工事(機械的固定工法)における固定金具の施工に関する記述として、適切でないものはどれか。
　　イ　下地の穿孔は、電動ドリルを垂直にして行う。
　　ロ　固定金具の継手部には、目地テープを張り付ける。
　　ハ　固定金具の継手部は、5mm程度の隙間をあけて固定する。
　　ニ　固定金具を切断した場合、切断面には、やすりがけ等の処理は必要ない。

［B群(多肢択一法)］

16　年数が経過した塩化ビニル樹脂系シート防水層の損傷部の補修方法として、一般に、適切なものはどれか。

　　イ　防水層の表面を溶剤等で清掃した後、その上に、補修用の塩化ビニル樹脂系シートを熱風融着する。

　　ロ　防水層の表面を溶剤等で清掃した後、その上に、液状シール材を使って補修用の塩化ビニル樹脂系シートを張り付ける。

　　ハ　防水層の表面を溶剤等で清掃した後、その表面にシーリング材を塗り付ける。

　　ニ　防水層の表面を溶剤等で清掃した後、その上に、接着剤を使って補修用の塩化ビニル樹脂系シートを張り付ける。

17　塩化ビニル樹脂系シート防水工事において、シート相互の接合を熱風融着で行う場合、一般に、接合部に口あきが生じる原因とならないものはどれか。

　　イ　熱風溶接機のノズルの汚れ

　　ロ　熱風溶接機の温度の設定不良

　　ハ　融着後の降雨

　　ニ　融着時の転圧不足

18　塩化ビニル樹脂系シート防水工事に関する記述として、適切でないものはどれか。

　　イ　スラブ面に材料を多量に保管する場合は、梁上に分散させて置く。

　　ロ　広げたシート類があおられるような風が吹く場合は、作業を中止する。

　　ハ　シートを保管する場合は、養生用シートで覆う。

　　ニ　材料を屋外に保管する場合は、作業通路に近い場所にする。

19　一般に、防水工事の施工計画書の記載内容に含まれないものはどれか。

　　イ　防水工事の契約金額

　　ロ　防水層の種類

　　ハ　揚重等の仮設計画

　　ニ　他の工事との関連

20　文中の(　　)内に当てはまる語句として、適切なものはどれか。

　　日本建築学会建築工事標準仕様書(JASS)によれば、塩化ビニル樹脂系シート防水工事において、入隅の形状は、(　　)とする。

　　イ　直角

　　ロ　幅10mmの面取り

　　ハ　幅30mmの面取り

　　ニ　幅70mmの面取り

21 塩化ビニル樹脂系シート防水工事における下地に関する記述として、適切なものはどれか。

  イ 油脂類が付着している部分は、そのままポリマーセメントペーストを塗布する。

  ロ 出隅は、通り良く直角に仕上げる。

  ハ パラペットの水切りあごの下端には、水切り溝を設ける。

  ニ 勾配は、1/200以下とする。

22 日本建築学会建築工事標準仕様書(JASS)によれば、塩化ビニル樹脂系シート防水工事(機械的固定工法)の適用部位に含まれないものはどれか。

  イ 水槽類

  ロ ひさし

  ハ 屋根(非歩行)

  ニ 外壁

23 日本建築学会建築工事標準仕様書(JASS)によれば、メンブレン防水工事に含まれないものはどれか。

  イ 改質アスファルトシート防水工事

  ロ ステンレスシート防水工事

  ハ 加硫ゴム系シート防水工事

  ニ ウレタンゴム系塗膜防水工事

24 エチレン酢酸ビニル樹脂系シート防水工事において、使用しないものはどれか。

  イ プライマー

  ロ ポリマーセメントペースト

  ハ 溶着剤

  ニ シール材

25 合成ゴム系シート防水工事(接着工法)において、加硫ゴム系シートをコンクリート下地に接着するのに用いる接着剤の種類として、一般に、適切なものはどれか。

  イ クロロプレンゴム系

  ロ ニトリルゴム系

  ハ シリコーンゴム系

  ニ ウレタンゴム系

平成30年度 技能検定
1級 防水施工 学科試験問題
（塩化ビニル系シート防水工事作業）

1. 試験時間　1時間40分
2. 問題数　　50題(A群25題、B群25題)
3. 注意事項
   （1）　係員の指示があるまで、この表紙はあけないでください。
   （2）　答案用紙(真偽法と多肢択一法の併用)に検定職種名、作業名、級別、受検番号、氏名を必ず記入してください。
   （3）　係員の指示に従って、問題数を確かめてください。それらに異常がある場合は、黙って手を挙げてください。問題はA群(真偽法)とB群(多肢択一法)とに分かれています。
   （4）　試験開始の合図で始めてください。
   （5）　解答の方法(真偽法と多肢択一法の併用)は次のとおりです。
   　　イ．　A群の問題(真偽法)は、一つ一つの問題の内容が正しいか、誤っているかを判断して解答してください。
   　　ロ．　B群の問題(多肢択一法)は、正解と思うものを一つだけ選んで、解答してください。二つ以上に解答した場合は誤答となります。
   　　ハ．　答案用紙(マークシート用紙)へ解答する際は、答案用紙に記載されている注意事項に従ってください。
   　　ニ．　答案用紙の解答欄は、A群の問題とB群の問題とでは異なります。所定の解答欄に、試験問題の題数に応じて解答してください。解答欄はA群は50題まで、B群は25題まで解答できるようになっています。
   （6）　電子式卓上計算機その他これと同等の機能を有するものは、使用してはいけません。
   （7）　携帯電話等は、使用してはいけません。
   （8）　試験中、質問があるときは、黙って手を挙げてください。ただし、試験問題の内容、漢字の読み方等に関する質問にはお答えできません。
   （9）　試験終了時刻前に解答ができあがった場合は、黙って手を挙げて、係員の指示に従ってください。
   （10）　試験中に手洗いに立ちたいときは、黙って手を挙げて、係員の指示に従ってください。
   （11）　試験終了の合図があったら、筆記用具を置き、係員の指示に従ってください。

[A群(真偽法)]

1 小ばりは、柱と柱を直接連結するはりである。

2 ALCパネルは、同じ厚さの普通コンクリートよりも断熱性に優れている。

3 日本工業規格(JIS)の建築製図通則によれば、下図は、出入口一般を表す平面表示記号である。

4 建築基準法関係法令によれば、間柱は、主要構造部に含まれる。

5 労働安全衛生関係法令によれば、つり上げ荷重が5トン未満のクレーン(移動式クレーンを除く。)の運転業務については、当該業務に関する安全のための特別教育を受けた者であれば従事することができる。

6 塩化ビニル樹脂系シート防水(接着工法)において、シートの転圧には、ケレン棒を使用するとよい。

7 塩化ビニル樹脂系シート防水(機械的固定工法)において、円盤状固定金具と防水シートを固定する方法には、電磁誘導加熱機を使用して熱融着する方法がある。

8 塩化ビニル樹脂系シート防水(機械的固定工法)において、ALCパネルに打ち込むアンカーの位置は、目地や端部より100mm以上離すとよい。

9 塩化ビニル樹脂系シート防水において、防水シート相互の3枚重ね部は、熱風融着で行う。

10 塩化ビニル樹脂系シート防水(接着工法)において、プレート状固定金具の継手部は、隙間のないように突き付けとする。

11 塩化ビニル樹脂系シート防水(機械的固定工法)において、平場部に取り付ける円盤状固定金具の取り付け間隔は、建物の高さに関係なく一定である。

12 塩化ビニル樹脂系シート防水(接着工法)において、ALCパネルの長辺目地部は、大きな動きが想定されるため、絶縁テープの張付けによる絶縁処理が必要である。

13 塩化ビニル樹脂系シート防水(機械的固定工法)において、入隅部は、合成ゴム系シートで増張りを行う。

14 塩化ビニル樹脂系シート防水において、シート相互の接合部は、4枚重ねとならないように割り付ける。

[A群(真偽法)]

15 塩化ビニル樹脂系シート防水(機械的固定工法)において、シートを敷き並べた後、シート上に固定金具を取り付けて固定し、その上に適切な増張りを行う方法がある。

16 塩化ビニル樹脂系シート防水において、経年したシートの補修は、補修用シートを溶剤溶着で行わなければならない。

17 塩化ビニル樹脂系シート防水層の上で後工程の作業を行う場合は、養生用シートを敷き、合板などで防水層を養生するとよい。

18 労働安全衛生法関係法令によれば、高さが2m以上の作業床の端、開口部等で墜落により労働者に危険を及ぼすおそれのある箇所には、囲い、手すり、覆い等を設けなければならない。

19 塩化ビニル樹脂系シート防水(接着工法)において、防水下地がRC(現場打ち鉄筋コンクリート)の場合は、接着剤の塗布前に、プライマーを塗布しなければならない。

20 レイタンスとは、コンクリート中の微細なちりや粒子などが浮上し、コンクリート表面に蓄積したものである。

21 塩化ビニル樹脂系シート防水(機械的固定工法)において、固定金具の取付けに使用するビスは、ステンレス製以外のものがよい。

22 一般複合タイプの塩化ビニル樹脂系シートは、基布又は性状の異なるシート状のものを複合して寸法安定性、力学的物性などを改善したシートである。

23 塩化ビニル樹脂系シート防水において、シートの接合端部に使用する液状シール材の主成分は、ウレタン樹脂である。

24 シーリング防水工事に使用するボンドブレーカーの目的は、シーリング材を3面接着させないためである。

25 FRP防水とは、防水用ガラスマット等に防水用ポリエステル樹脂を含浸・積層させ、防水層を作る工法である。

[B群(多肢択一法)]

1 コンクリート工事に関する記述として、適切でないものはどれか。
    イ スランプとは、フレッシュコンクリートの軟らかさの程度を示す指標である。
    ロ レディーミクストコンクリートとは、コンクリート工場から、まだ固まらない状態でミキサー車などで配達されるコンクリートのことである。
    ハ コンクリートの練混ぜ用の水は、コンクリート及び鋼材に悪影響を及ぼす物質を含んでいてはならない。
    ニ コンクリートは、打ち込み後、強制乾燥させてもよい。

2 下図のうち、根太を表すものはどれか。

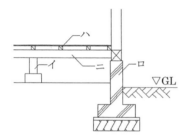

3 日本工業規格(JIS)の建築製図通則によれば、保温吸音材を表す材料構造表示記号として、正しいものはどれか。

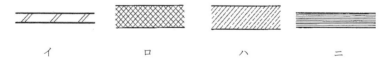

        イ   ロ   ハ   ニ

4 文中の( )内に当てはまる数値として、正しいものはどれか。
建築基準法関係法令によれば、鉄筋コンクリート造の耐力壁の鉄筋に対するコンクリートのかぶり厚さは、( )cm以上と規定されている。
    イ 1
    ロ 3
    ハ 5
    ニ 7

5 文中の( )内に当てはまる数値として、正しいものはどれか。
労働安全衛生法関係法令によれば、鋼管足場で高さ5m以上のわく組足場の壁つなぎの間隔は、垂直方向9m以下、水平方向( )m以下と規定されている。
    イ 4
    ロ 6
    ハ 8
    ニ 10

[B群(多肢択一法)]

6 塩化ビニル樹脂系シート防水層の末端部に不定形シール材を充填する際に、使用しない工具類はどれか。
 イ　カートリッジガン
 ロ　ヘラ
 ハ　マスキングテープ
 ニ　チョークリール

7 文中の(　　)内に当てはまる数値として、適切なものはどれか。
塩化ビニル樹脂系シート防水において、熱風融着を行う際は、熱風の温度を(　　)°C程度とするとよい。
 イ　50〜100
 ロ　100〜200
 ハ　200〜300
 ニ　400〜500

8 塩化ビニル樹脂系シート防水において、下地の清掃に関する記述として、適切でないものはどれか。
 イ　掃き掃除は、風下から風上に向かって行う。
 ロ　ほうきで掃ききれない微細なほこりなどが多い場合は、掃除機を使用して清掃する。
 ハ　パラペット天端のごみは、外側に落とさない。
 ニ　ルーフドレン回りは、毛ばけを使用して清掃する。

9 文中の(　　)内に当てはまる数値として、適切なものはどれか。
塩化ビニル樹脂系シート防水(接着工法)において、末端部の押え金物に取り付けるビスの間隔は、(　　)mm程度がよい。
 イ　200
 ロ　400
 ハ　600
 ニ　800

10 塩化ビニル樹脂系シート防水において、チェック棒を使用して確認するものとして、適切なものはどれか。
 イ　シート相互の接合端部の口あき
 ロ　液状シール材の施工の良否
 ハ　立上り末端部の押え金物の固定間隔
 ニ　シート相互の接合幅

11 塩化ビニル樹脂系シート防水(接着工法)において、接着剤の塗布方法として、適切でないものはどれか。

 イ 専用のくしばけで塗布する。

 ロ シート張付けの前日に塗布する。

 ハ 下地の乾燥を確認してから塗布する。

 ニ ルーフドレン回りなどに溜まりができないように、むらなく塗布する。

12 塩化ビニル樹脂系シート防水の施工方法として、適切でないものはどれか。

 イ 防水シートは、原則として、水上側のシートが水下側のシートの上になるように重ねる。

 ロ 防水シートは、接着剤の塗布後、規定のオープンタイムを確認してから張り付ける。

 ハ 断熱材は、一般に、隙間を5mm以上あけて施工する。

 ニ 液状シール材は、油差し等のシール充填容器で充填する。

13 文中の( )内に当てはまる数値として、適切なものはどれか。

塩化ビニル樹脂系シート防水(機械的固定工法)におけるルーフドレン回りの固定金具は、ルーフドレンのつばから( )mm程度離れた位置に固定する。

 イ 50

 ロ 100

 ハ 300

 ニ 700

14 文中の( )内に当てはまる数値の組合せとして、適切なものはどれか。

日本建築学会建築工事標準仕様書(JASS)によれば、塩化ビニル樹脂系シート防水(接着工法)において、接着剤を塗布する場合、塗布量は下地面に(①)kg／m²、シート面に(②)kg／m²である。

	①	②
イ	0.2	0.2
ロ	0.2	0.3
ハ	0.3	0.2
ニ	0.3	0.3

15 塩化ビニル樹脂系シート防水における貫通配管回りの施工方法として、適切でないものはどれか。

 イ 貫通配管回りのシートは、配管の円周に40mmを加えた長さで裁断するとよい。

 ロ シート相互を接合する部分には、接着剤が付着しないようにする。

 ハ 平場のシートへの接合幅は、20mm程度とするとよい。

 ニ 貫通配管回りのシートを張り付けた後、末端部にテープ状シール材を張り付ける。

[B群(多肢択一法)]

16 塩化ビニル樹脂系シート防水(接着工法)において、施工後にシートの膨れが発生した原因として、当てはまらないものはどれか。
　　イ　下地の乾燥が不十分だった。
　　ロ　下地への接着剤の塗り残しがあった。
　　ハ　下地の油脂、汚れの除去が不十分だった。
　　ニ　転圧時に空気が残らないように圧着した。

17 塩化ビニル樹脂系シート防水において、シート相互の接合部を熱風融着で行った場合、一般に、口あきの原因とならないものはどれか。
　　イ　融着作業の速度
　　ロ　熱風溶接機の温度調整
　　ハ　融着後の降雨
　　ニ　融着時の転圧

18 塩化ビニル樹脂系シート防水(接着工法)において、施工途中で降雨にあった場合の処置として、適切なものはどれか。
　　イ　中断せずに施工を続ける。
　　ロ　雨養生として、下地に接着剤を塗布する。
　　ハ　特に雨養生せずに待機する。
　　ニ　施工中のシート端部をシーリング材で養生する。

19 防水工事の施工計画書に記載する必要がないものはどれか。
　　イ　防水工事の施工管理体制
　　ロ　防水層の種類
　　ハ　防水工事の契約金額
　　ニ　防水工事の工事範囲

20 文中の(　　)内に当てはまる数値として、適切なものはどれか。
　　日本建築学会建築工事標準仕様書(JASS)によれば、塩化ビニル樹脂系シート防水におけるコンクリート下地の勾配は、(　　)とする。
　　イ　1／200〜1／160
　　ロ　1／150〜1／120
　　ハ　1／100〜1／60
　　ニ　1／50〜1／20

21 現場打ちコンクリートスラブ下地の特徴として、適切でないものはどれか。
　　イ　デッキプレート型枠の上に打設した場合は、乾燥しやすい。
　　ロ　スラブ内に配管類がある場合は、その上部にひび割れが発生しやすい。
　　ハ　コンクリートには、含有水分がある。
　　ニ　コンクリートの打継部には、ひび割れが発生しやすい。

22 文中の(　　)内に当てはまる語句として、適切なものはどれか。
　　塩化ビニル樹脂系シート防水(接着工法)の断熱工法において、断熱材は、一般に、
　　(　　)を使用する。
　　　　イ　ポリスチレンフォーム
　　　　ロ　ポリエチレンフォーム
　　　　ハ　グラスウール
　　　　ニ　フェノールフォーム

23 シーリング防水工事に関する記述として、適切なものはどれか。
　　　　イ　バックアップ材は、シーリング材の目地深さを所定の寸法に保持するために
　　　　　　使用する。
　　　　ロ　プライマー塗布後、直ちにシーリング材を充填する。
　　　　ハ　マスキングテープは、シーリング材が完全に硬化した後に除去する。
　　　　ニ　2成分形シーリング材は、湿気硬化形である。

24 日本建築学会建築工事標準仕様書(JASS)におけるメンブレン防水に該当しないもの
　　はどれか。
　　　　イ　アスファルト防水
　　　　ロ　加硫ゴム系シート防水
　　　　ハ　ケイ酸質系塗布防水
　　　　ニ　ウレタンゴム系塗膜防水

25 アスファルト防水(熱工法)に関する記述として、適切でないものはどれか。
　　　　イ　砂付あなあきアスファルトルーフィングは、砂面を下地側にする。
　　　　ロ　平場のルーフィング類は、流し張りとする。
　　　　ハ　上下層のルーフィング類相互の重ね合わせ部は、同一箇所とならないように
　　　　　　する。
　　　　ニ　ルーフドレン回りの増張りは、一般部のルーフィング類の張付けを行った後
　　　　　　に施工する。

防水施工

正解表

平成 31 年度　2 級　学科試験正解表
防水施工（ウレタンゴム系塗膜防水工事作業）

真偽法

番号	1	2	3	4	5
正解	○	○	×	○	×

番号	6	7	8	9	10
正解	○	×	○	○	×

番号	11	12	13	14	15
正解	×	○	×	×	○

番号	16	17	18	19	20
正解	×	○	○	○	×

番号	21	22	23	24	25
正解	○	×	○	×	○

択一法

番号	1	2	3	4	5
正解	ロ	ハ	イ	ニ	ハ

番号	6	7	8	9	10
正解	ニ	ハ	ニ	ロ	ニ

番号	11	12	13	14	15
正解	ロ	ハ	ハ	ニ	イ

番号	16	17	18	19	20
正解	ニ	ハ	イ	ハ	ロ

番号	21	22	23	24	25
正解	ハ	ニ	イ	ニ	イ

平成 30 年度　2 級　学科試験正解表
防水施工（ウレタンゴム系塗膜防水工事作業）

真偽法

番号	1	2	3	4	5
解答	○	×	×	○	×

番号	6	7	8	9	10
解答	×	○	○	○	×

番号	11	12	13	14	15
解答	×	○	×	×	○

番号	16	17	18	19	20
解答	×	○	×	○	○

番号	21	22	23	24	25
解答	×	○	×	×	○

択一法

番号	1	2	3	4	5
解答	ロ	ニ	イ	ハ	ロ

番号	6	7	8	9	10
解答	ハ	ニ	イ	イ	ロ

番号	11	12	13	14	15
解答	イ	ロ	ハ	ハ	ニ

番号	16	17	18	19	20
解答	ロ	イ	ロ	イ	ハ

番号	21	22	23	24	25
解答	ニ	ハ	ロ	ロ	ニ

平成31年度 1級 学科試験正解表
防水施工（ウレタンゴム系塗膜防水工事作業）

真偽法

番号	1	2	3	4	5
正解	×	×	○	○	○

番号	6	7	8	9	10
正解	×	○	○	○	×

番号	11	12	13	14	15
正解	○	○	×	○	×

番号	16	17	18	19	20
正解	○	×	×	○	○

番号	21	22	23	24	25
正解	○	×	×	○	×

択一法

番号	1	2	3	4	5
正解	イ	ハ	ロ	ニ	イ

番号	6	7	8	9	10
正解	ニ	ロ	ニ	ハ	ハ

番号	11	12	13	14	15
正解	イ	ハ	ロ	ハ	ニ

番号	16	17	18	19	20
正解	ニ	ロ	ハ	イ	ニ

番号	21	22	23	24	25
正解	イ	ロ	イ	ハ	イ

平成30年度 1級 学科試験正解表
防水施工（ウレタンゴム系塗膜防水工事作業）

真偽法

番号	1	2	3	4	5
解答	○	×	○	○	×

番号	6	7	8	9	10
解答	○	×	×	○	×

番号	11	12	13	14	15
解答	×	×	○	×	×

番号	16	17	18	19	20
解答	×	○	○	○	×

番号	21	22	23	24	25
解答	○	○	○	○	○

択一法

番号	1	2	3	4	5
解答	ロ	ロ	イ	イ	ニ

番号	6	7	8	9	10
解答	ハ	ハ	ロ	ニ	イ

番号	11	12	13	14	15
解答	イ	ロ	ロ	ロ	イ

番号	16	17	18	19	20
解答	イ	ニ	ニ	ハ	ロ

番号	21	22	23	24	
解答	ニ	イ	ハ	ニ	

平成31年度　2級　学科試験正解表
防水施工（シーリング防水工事作業）

真偽法

番号	1	2	3	4	5
正解	○	○	X	○	X

番号	6	7	8	9	10
正解	X	○	X	X	○

番号	11	12	13	14	15
正解	○	X	○	○	X

番号	16	17	18	19	20
正解	○	X	○	○	○

番号	21	22	23	24	25
正解	X	○	X	○	X

択一法

番号	1	2	3	4	5
正解	ロ	ハ	イ	ニ	ハ

番号	6	7	8	9	10
正解	ハ	ロ	イ	ニ	ロ

番号	11	12	13	14	15
正解	ニ	ハ	ニ	ニ	ニ

番号	16	17	18	19	20
正解	ロ	イ	ニ	イ	ロ

番号	21	22	23	24	25
正解	イ	ニ	イ	ロ	ハ

平成30年度　2級　学科試験正解表
防水施工（シーリング防水工事作業）

真偽法

番号	1	2	3	4	5
解答	○	X	X	○	X

番号	6	7	8	9	10
解答	○	○	○	○	○

番号	11	12	13	14	15
解答	X	X	X	○	X

番号	16	17	18	19	20
解答	X	○	○	X	X

番号	21	22	23	24	25
解答	○	○	X	○	○

択一法

番号	1	2	3	4	5
解答	ロ	ニ	イ	ハ	ロ

番号	6	7	8	9	10
解答	ニ	ニ	イ	ハ	ハ

番号	11	12	13	14	15
解答	イ	イ	ロ	ニ	ニ

番号	16	17	18	19	20
解答	ハ	ニ	ニ	ニ	ハ

番号	21	22	23	24	25
解答	ロ	イ	ロ	イ	ハ

平成31年度　1級　学科試験正解表
防水施工（シーリング防水工事作業）

真偽法

番号	1	2	3	4	5
解答	X	X	O	O	O

番号	6	7	8	9	10
解答	O	X	O	X	O

番号	11	12	13	14	15
解答	X	O	X	X	O

番号	16	17	18	19	20
解答	O	X	X	O	X

番号	21	22	23	24	
解答	X	O	O	X	

択一法

番号	1	2	3	4	5
解答	イ	ハ	ロ	ニ	イ

番号	6	7	8	9	10
解答	ニ	ハ	ロ	イ	ハ

番号	11	12	13	14	15
解答	ニ	イ	ロ	ロ	イ

番号	16	17	18	19	20
解答	ロ	ニ	ハ	ニ	イ

番号	21	22	23	24	25
解答	ハ	イ	ニ	イ	ハ

平成30年度　1級　学科試験正解表
防水施工（シーリング防水工事作業）

真偽法

番号	1	2	3	4	5
解答	O	X	O	O	X

番号	6	7	8	9	10
解答	O	X	O	O	X

番号	11	12	13	14	15
解答	X	O	X	O	O

番号	16	17	18	19	20
解答	O	X	O	X	X

番号	21	22	23	24	25
解答	X	O	O	O	X

択一法

番号	1	2	3	4	5
解答	ロ	ロ	イ	イ	ニ

番号	6	7	8	9	10
解答	ロ	ニ	ロ	ハ	ハ

番号	11	12	13	14	15
解答	ロ	ハ	ニ	ハ	イ

番号	16	17	18	19	20
解答	イ	ロ	ニ	ニ	イ

番号	21	22	23	24	25
解答	ロ	イ	ロ	ハ	イ

平成31年度　2級　学科試験正解表
防水施工（FRP防水工事作業）

真偽法

番号	1	2	3	4	5
正解	O	O	X	O	X

番号	6	7	8	9	10
正解	O	X	O	O	O

番号	11	12	13	14	15
正解	O	X	X	O	X

番号	16	17	18	19	20
正解	X	O	X	X	O

番号	21	22	23	24	25
正解	X	X	O	X	O

択一法

番号	1	2	3	4	5
正解	ロ	ハ	イ	ニ	ハ

番号	6	7	8	9	10
正解	イ	ハ	イ	ロ	ロ

番号	11	12	13	14	15
正解	ハ	ハ	ロ	ニ	ハ

番号	16	17	18	19	20
正解	ロ	イ	ロ	イ	ハ

番号	21	22	23	24	25
正解	イ	ニ	ロ	イ	ニ

平成30年度　2級　学科試験正解表
防水施工（FRP防水工事作業）

真偽法

番号	1	2	3	4	5
解答	O	X	X	O	X

番号	6	7	8	9	10
解答	O	X	O	O	X

番号	11	12	13	14	15
解答	O	O	O	O	X

番号	16	17	18	19	20
解答	X	O	O	X	O

番号	21	22	23	24	25
解答	O	X	O	X	X

択一法

番号	1	2	3	4	5
解答	ロ	ニ	イ	ハ	ロ

番号	6	7	8	9	10
解答	ハ	ハ	ロ	ハ	ロ

番号	11	12	13	14	15
解答	ハ	イ	ニ	ニ	イ

番号	16	17	18	19	20
解答	ニ	イ	ニ	ハ	イ

番号	21	22	23	24	25
解答	ロ	ニ	ニ	ニ	イ

平成31年度　1級　学科試験正解表
防水施工（FRP防水工事作業）

真偽法

番号	1	2	3	4	5
正解	X	X	○	○	○

番号	6	7	8	9	10
正解	○	X	○	○	X

番号	11	12	13	14	15
正解	○	X	○	X	X

番号	16	17	18	19	20
正解	X	X	○	○	○

番号	21	22	23	24	25
正解	X	○	X	X	○

択一法

番号	1	2	3	4	5
正解	イ	ハ	ロ	ニ	イ

番号	6	7	8	9	10
正解	ニ	ロ	イ	ニ	ハ

番号	11	12	13	14	15
正解	ロ	ハ	イ	ハ	ハ

番号	16	17	18	19	20
正解	ハ	ロ	ニ	ロ	ニ

番号	21	22	23	24	25
正解	ハ	ロ	ロ	ハ	ニ

平成30年度　1級　学科試験正解表
防水施工（FRP防水工事作業）

真偽法

番号	1	2	3	4	5
解答	○	X	○	○	X

番号	6	7	8	9	10
解答	X	○	X	X	○

番号	11	12	13	14	15
解答	X	○	○	○	○

番号	16	17	18	19	20
解答	X	○	○	○	○

番号	21	22	23	24	25
解答	○	X	X	X	○

択一法

番号	1	2	3	4	5
解答	ロ	ロ	イ	イ	ニ

番号	6	7	8	9	10
解答	イ	ニ	ニ	ニ	イ

番号	11	12	13	14	15
解答	ロ	ハ	ロ	イ	イ

番号	16	17	18	19	20
解答	ニ	ロ	イ	ハ	ハ

番号	21	22	23	24	25
解答	ロ	ニ	ロ	イ	ニ

令和2年度　2級　学科試験正解表
防水施工（塩化ビニル系シート防水工事作業）

真偽法

番号	1	2	3	4	5
正解	○	○	×	○	○

番号	6	7	8	9	10
正解	○	○	×	○	○

番号	11	12	13	14	15
正解	×	×	○	○	○

番号	16	17	18	19	20
正解	○	○	○	×	×

番号	21	22	23	24	25
正解	×	○	○	×	○

択一法

番号	1	2	3	4	5
正解	イ	ハ	ニ	イ	イ

番号	6	7	8	9	10
正解	ニ	ロ	イ	ニ	ハ

番号	11	12	13	14	15
正解	イ	ロ	イ	ハ	ニ

番号	16	17	18	19	20
正解	ニ	ニ	ロ	イ	ロ

番号	21	22	23	24	25
正解	ニ	ロ	イ	ハ	イ

令和元年度　2級　学科試験正解表
防水施工（塩化ビニル系シート防水工事作業）

真偽法

番号	1	2	3	4	5
正解	○	○	○	○	×

番号	6	7	8	9	10
正解	○	×	×	○	×

番号	11	12	13	14	15
正解	○	○	○	×	×

番号	16	17	18	19	20
正解	×	○	○	×	×

番号	21	22	23	24	25
正解	×	○	○	×	×

択一法

番号	1	2	3	4	5
正解	イ	ハ	ロ	イ	イ

番号	6	7	8	9	10
正解	ニ	ハ	イ	ニ	ニ

番号	11	12	13	14	15
正解	ハ	ハ	ハ	ニ	ロ

番号	16	17	18	19	20
正解	ニ	ニ	ロ	イ	ロ

番号	21	22	23	24	25
正解	イ	ニ	ロ	ハ	イ

平成30年度　2級　学科試験正解表
防水施工（塩化ビニル系シート防水工事作業）

真偽法

番号	1	2	3	4	5
正解	○	○	×	×	○

番号	6	7	8	9	10
正解	×	○	×	○	○

番号	11	12	13	14	15
正解	×	○	×	○	×

番号	16	17	18	19	20
正解	×	○	○	×	○

番号	21	22	23	24	25
正解	○	○	○	○	×

択一法

番号	1	2	3	4	5
正解	イ	ロ	ニ	ハ	イ

番号	6	7	8	9	10
正解	ロ	ニ	ニ	イ	ロ

番号	11	12	13	14	15
正解	ロ	ニ	ロ	ニ	ハ

番号	16	17	18	19	20
正解	ロ	イ	ロ	イ	ハ

番号	21	22	23	24	25
正解	ロ	ロ	ニ	イ	ニ

令和2年度　1級　学科試験正解表
防水施工（塩化ビニル系シート防水工事作業）

真偽法

番号	1	2	3	4	5
正解	X	○	○	○	○

番号	6	7	8	9	10
正解	○	X	○	X	○

番号	11	12	13	14	15
正解	X	X	○	X	X

番号	16	17	18	19	20
正解	○	○	○	○	○

番号	21	22	23	24	25
正解	○	X	X	○	○

択一法

番号	1	2	3	4	5
正解	ニ	ハ	ロ	ロ	ロ

番号	6	7	8	9	10
正解	ロ	イ	イ	イ	ニ

番号	11	12	13	14	15
正解	ロ	イ	ロ	イ	ロ

番号	16	17	18	19	20
正解	ハ	ロ	ニ	ロ	ハ

番号	21	22	23	24	25
正解	イ	ニ	ハ	ニ	ロ

令和元年度　1級　学科試験正解表
防水施工（塩化ビニル系シート防水工事作業）

真偽法

番号	1	2	3	4	5
正解	X	○	○	○	○

番号	6	7	8	9	10
正解	○	○	○	X	X

番号	11	12	13	14	15
正解	○	○	○	○	X

番号	16	17	18	19	20
正解	○	X	○	X	○

番号	21	22	23	24	25
正解	○	X	X	X	○

択一法

番号	1	2	3	4	5
正解	ハ	イ	ロ	ニ	ロ

番号	6	7	8	9	10
正解	ロ	イ	ハ	ハ	ニ

番号	11	12	13	14	15
正解	ロ	イ	ニ	ハ	ニ

番号	16	17	18	19	20
正解	イ	ハ	ニ	イ	イ

番号	21	22	23	24	25
正解	ハ	ニ	ロ	ハ	イ

平成 30 年度　1 級　学科試験正解表
防水施工（塩化ビニル系シート防水工事作業）

真偽法

番号	1	2	3	4	5
正解	X	O	O	X	O

番号	6	7	8	9	10
正解	X	O	O	O	X

番号	11	12	13	14	15
正解	X	X	X	O	O

番号	16	17	18	19	20
正解	X	O	O	X	O

番号	21	22	23	24	25
正解	X	O	X	O	O

択一法

番号	1	2	3	4	5
正解	ニ	ハ	ロ	ロ	ハ

番号	6	7	8	9	10
正解	ニ	ニ	イ	ロ	イ

番号	11	12	13	14	15
正解	ロ	ハ	ハ	イ	ニ

番号	16	17	18	19	20
正解	ニ	ハ	ニ	ハ	ニ

番号	21	22	23	24	25
正解	イ	ロ	イ	ハ	ニ

・本書掲載の試験問題及び解答の内容につい
　　　てのお問い合わせ等には、一切応じられま
　　　せんのでご了承ください。
　　・試験問題について、都合により一部、編集
　　　しているものがあります。

平成30・令和元・2年度

1・2級 技能検定　試験問題集　73　防水施工

　　令和3年8月　初版発行

　　監　修　中央職業能力開発協会
　　発　行　一般社団法人 雇用問題研究会
　　　　　　〒103-0002　東京都中央区日本橋馬喰町1-14-5 日本橋Kビル2階
　　　　　　TEL　03-5651-7071（代）　FAX　03-5651-7077
　　　　　　URL　http://www.koyoerc.or.jp
　　印　刷　株式会社ワイズ

223073

ISBN978-4-87563-672-4 C3000